소유동사 '有'와 문법화

중국언어학연구총서 2

소유동사 '有'와 문법화

홍 연 옥

역락

〈중국언어학연구총서〉를 펴내며

우리에게 중국에 대한 연구가 중요하다는 것은 새삼 강조할 필
요가 없습니다. 그럼에도 정치외교학이나 경제학적인 연구에 비해
인문학적인 중국 연구는 아직 부족한 편입니다. 인문학의 한 분야
인 중국언어학 분야 역시 아직 가야할 길이 멉니다. 중국언어학연
구는 그동안 비약적으로 발전해왔습니다. 우리나라에서 중국언어학
연구가 시작된 이후 최근까지의 중국 언어에 대한 연구는, 중국어
를 어떻게 가르칠 것인가에 초점을 둔 실용적이고 기능적인 측면
이 강했습니다. 그러나 중국에 대한 이해의 중요성이 커지면서 중
국어 교육이라는 실용적 측면 외에 중국어 자체의 특성과 그러한
특성을 만들어내는 중국인의 사유방식을 이해하려는 노력이 중요
해지고 있습니다. 그래서 중국의 언어 연구는 과거의 구조분석 중
심에서 출발하여 의미를 중심으로 한 탐구, 인지적 접근, 유형론적
연구 등 다양한 연구가 시도되고 있습니다.

또한 현대중국이는 물론 고대중국어에 대한 연구도 계속되고 있
습니다. 현대중국어의 모습이 현대라는 시점에서만 만들어진 것이
아니며 고대로부터 이어진 문화적, 언어적 전통의 연속선상에 있다

는 점에서 고대중국어에 대한 연구는 중요합니다. 결국 고대중국어에 대한 연구는 중국인의 사유를 이해하는 중요한 한 측면이며 바로 현대 중국을 이해하는 것이 되는 것입니다.

이번에 간행되는 <중국언어학연구총서>는 이와 같은 최근 중국의 언어에 대한 연구 성과를 반영하고 있습니다. 특히 국내외의 연구 성과를 잘 알 수 있는 중국언어학 분야의 박사논문이 그 주요 대상이 될 것입니다. 이 총서의 간행을 통해 중국언어학 연구가 처해있는 현실을 살펴보고 향후 어떤 연구가 이루어져야 하는지 등에 대한 학계의 논의가 더 활발해지기를 기대해봅니다.

출판계의 힘겨운 여건 속에서 이러한 연구총서를 간행한다는 것은 매우 용기있는 일입니다. 그럼에도 학문의 발전에 대한 열정으로 이 일에 나서주신 역락출판사의 이대현 사장께 고마움을 전하고자 합니다.

2014년 12월
기획위원
연세대학교 중문과 교수 김현철
서울대학교 중문과 교수 박정구
서울대학교 중문과 교수 이강재

머리말

이 책은 서울대학교 대학원에 제출한 박사학위 논문 「'有'의 의미기능과 문법화 연구」를 다듬은 것이다. 소유동사의 의미확장과 문법화 과정, 그리고 현대 중국어에서 나타나고 있는 소유동사 의미 활용 변화를 통시적, 공시적 관점에서 소개하고자 하였다. 필자는 석사논문 작성 당시 형식동사에 '有'를 포함시켜야 하는가를 고찰하면서 소유동사 '有'의 의미 확장에 대해 연구할 필요가 있음을 인식하였다. 이후 박사 과정에서 현대 표준중국어에서 나타나고 있는 완료상 '有'의 활용 확대 현상을 접하면서 소유동사의 문법화 현상을 집필하게 되었다.

일반적으로 소유표현 또는 소유구문이라는 명칭에서 사용되는 소유는 그 범위를 한정짓기 어려운 매우 폭넓은 개념이며, 실제로 언어학자에 따라 다양하고 상이한 방식으로 사용된다. 일상적인 의미 또는 법률용어로서의 소유권과는 달리 언어학적 관점에서의 소유는 훨씬 광범위한 범위까지 포함한다. 소유의 전형적인 의미는 사람이 사물 대상을 가지고 있는 상태를 말하지만 언어적 관점에서 볼 때는 전체와 부분관계, 친족관계, 성격, 동작 등을 포괄하여 표현하기 때문이다. 실제로 세계의 각 언어에서 소유동사는 다양한 의미로 확장되어 사용되었다. 예를 들어 중국어의 '有'를 비롯해서 영어의 'have', 프랑스어의 'avoir', 독일어의 'haben' 등의 소유동사는 해당 언어에서 사용 빈도가 높을 뿐만 아니라, 매우 넓은 의미 폭을 갖는다. 한편, 언어의 의미확장은 인간의 인지 활동과 관련이 있다. 따라서 언어 연구의 대상으로서 소유동사는 인지 언어학적 측면에서 가치를 갖는다. 소유구문 또는 소유동사에 대한 연구는 현실세계의 언어화 또는 문법화, 어휘화의 과정을 이해할 수 있게 하는 수난이 될 수 있기 때문이다. 따라서 이 책에서는 언어가 인간의 인지를 반영하고 증명해주는 수단이고, 언어의 구조와 기능은 인지의 진화론적 축적을 기반으로 동기화되었다고 간주하는 인지 언어학적 관점에서 소유동사의 의미 확장을 고찰하고자 하였다.

소유구문은 본질적으로 두 개체 간에 존재하는 특정 관계의 표현이다. 따라서 소유의 확장 의미는 소유구문 안에서의 두 개체, 즉 소유자와 소유대상이 무엇인가와 밀접한 관련이 있다. 특히 소유자와 소유대상이 구체적 사물에서 추상적 개념으로까지 확장되면서 소유동사는 다양한 의미로 파생되었으며, 문법화 과정을 거쳐 문법소로까지 사용되고 있다. 특히 필자가 주목한 것은 소유동사가 어떻게 완료와 강조의 문법소 기능을 담당하게 되었는지이다. 소유동사 '有'는 중국 북방보다는 남방에서 완료와 강조의 표지로 많이 사용된다. 사실 소유동사가 완료상의 표지로 사용되는 것은 범인류적 사고 유형에 속한다고 볼 수 있다. 중국 남방 뿐만 아니라 세계의 많은 언어에서 소유동사가 완료상의 표지로 확장되는 것을 볼 수 있기 때문이다. 오히려 세계 언어 양상을 고려해보면, 표준중국어에서 나타나는 완료상의 긍정 표지 '了'와 부정 표지 '没有'의 비대칭성은 특이한 구조로 파악된다. 그런데 최근 10년간 북방에서도 완료상 표지로 '有'를 채택하여 사용하는 현상이 증가하고 있다. 예전에는 남방방언이라고 생각되어왔던 구조가 북방화자들에게도 자연스럽게 받아들여지고 있는 것이다. 이러한 현상이 필자에게는 매우 흥미로웠고, 과연 얼마나 많은 중국어 화자들이 완료상 표지 '有'를 수용하고 있는지는 필자가 집필과정에서 가장 궁금했던 부분이다. 이를 위해 북경대학교 캠퍼스를 찾아가 설문조사를 진행하였고, 완료상 표지 '有'의 수용도가 점점 더 높아지고 있다는 사실을 확인하면서 소유동사 문법화 연구에 확신을 얻어 집필을 진행할 수 있었다. 이 책을 통해 언어의 문법화 현상을 이해하는 데도 작은 도움이 되었으면 한다.

이 책을 발간하면서 고마움을 전하고 싶은 분들이 많다. 먼저 부족한 이 책이 발간될 수 있도록 애써주시고 아낌없는 지도와 길잡이 역할을 해주신 지도교수 이강재 선생님께 감사드린다. 현대어학 전공인 필자가 코퍼스를 이용하여 중국어 고문 데이터를 통계낼 때 '有'의 의미 분류에 있어 어려움에 자주 부딪히곤 했었는데, 그때마다 도움을 주시고, 연구 방향을 잡아주셔서 확신을 얻으며 작업할 수 있었다. 그리고 대학원에 입학하게 되면서 인지 언어학의 세계를 알려주시고, 언어의 의미 확장에 관심을 갖는 데 많은 도움을 주신 허성도 선생님께도 무한한 감사를 드리고 싶다. 그리고 중국어와의 끈을 계속 이어갈 수 있게 대학시절 많은 도움을 주시고, 정신적 버팀목이 되어주신 심소희 선생님께도 감사드린다.

또한 박사논문 심사를 맡아주시면서 논문에 있어 많은 지도를 해주시고, 수정을 도와주신 박정구 선생님, 문법화 이론을 대학원에서 강의할 수 있도록 배려해주신 김현철 선생님, 코퍼스 사용과 통계 프로그램을 알려주신 강병규 선생님께 감사드린다. 그리고 항상 아낌없는 조언과 새로운 논문들을 소개해주시는 이정민 선생님과 논문과 책 집필과정에서 진심어린 조언과 도움을 주신 서울대학교 동학, 선생님들께 감사를 전하고 싶다.

  학자의 길을 걸을 수 있도록 긴 시간 지켜봐 주시고, 시원해주신 부모님께 감사드린다. 그리고 박사학위 논문 작업 때 아들 준영이의 육아를 맡아주시면서 연구에 몰두할 수 있도록 지지해주신 포항에 계신 시부모님께도 감사드린다. 마지막으로 강의와 공부로 바쁜 아내를 이해해주고 자랑스럽게 여겨주는 남편 서창하 씨와 첫째 아들 준영 그리고 둘째 아들 재영이에게까지 사랑과 감사를 전하고 싶다.

2014년 12월
홍연옥

차 례

제1장

들어가기

 세계 언어의 소유동사의 의미 확장을 살펴보면, 소유동사는 구체적 의미에서 추상적 의미로 확대된다. 즉, 소유동사는 신체적으로 접할 수 있는 구체적인 물질을 소유한다는 개념에서 추상물을 소유한다는 개념이 추가되며, 점차적으로 소유한다는 개념에서 상당히 거리가 먼 추상적인 개념으로까지 확장된다. 이러한 현상은 언어의 문법화 과정을 통한 자연스러운 의미 확장 결과라고 할 수 있다.

 중국어에서도 有자문은 '有' 동사가 나타내는 다양한 의미 때문에 중국어에서 광범위하게 사용되고, 용법도 매우 복잡하게 분화되어 있다.[1) 이와 같은 이유로 黎锦熙(1992)는 중국어 중에서 '有'의 용법이 가장 복잡하다고 밝힌 바 있으며, 吕叔湘(1979) 역시 '有'의 용법은 매우 특수하고 복잡하다고 언급한

---

1) 国家语委现代汉语语料库의 '현대 중국어 단어 빈도표'에 따르면 '有'는 중국어 단어 중 8번째로 많이 사용되는 단어이다.

바 있다. 이러한 有자문의 연구는 呂叔湘(1942)[2]을 시작으로 본격적
인 문형 연구가 시작되어, 범위 및 품사, 의미 방면의 논쟁이 끊임
없이 있어왔다. 有자문 연구의 초기는 '有'의 의미에 관한 연구가
대부분이었는데, 이들은 '有'가 얼마나 다양한 용법이 있으며, 용법
이 달라짐에 따라서 얼마나 상이한 의미를 가지는지를 증명하는
작업을 해왔다. 따라서 대부분의 선행 연구에서는 '有'를 나의어로
서 간주하고 '有'의 의미를 세분화하는 것에 초점을 맞추고 있다.
그러나 이러한 다의어 처리에 의한 분류는 '有'의 다양한 의미와
용법을 파악하는 데는 용이할 수 있겠지만 '有'가 왜 이렇게 다양
한 의미로 파생될 수 있었는지에 대한 근본적인 질문에 대해서는
답해주지 못한다는 한계점을 갖는다. 따라서 이 책은 이와 같은 점
을 보완하기 위해 다의어의 의미 확장 과정에서 확장의미는 원의
미를 공유하면서 의미 연쇄를 이루고 있다는 점에 주목하였다. 또
한 문법화 초기에 다의어는 원의미를 보유하고 있는 '은유'에 의한

	词语	出现次数	频率(%)
1	的	744863	7.7946
2	了	130191	1.3624
3	在	118823	1.2434
4	是	118527	1.2403
5	和	83958	0.8786
6	一	81119	0.8489
7	这	65146	0.6817
8	有	53556	0.5604
9	他	52912	0.5537
10	我	52728	0.5518

2) 有자문을 하나의 문형으로 간주하고 본격적인 연구를 진행한 것은 呂叔相의 ≪中国
文法要略≫에서 시작되었다.

의미 확장이 나타나고, 문법화 후기에는 원의미를 잃고 문법소의 기능으로 확장된다는 관점에서 '有'의 의미 변화를 고찰해보고자 한다. 따라서 '有'의 원의미를 찾고, 이것이 어떠한 경로를 통해 의미 확장이 이루어졌는지 살펴보는 작업은 '有'의 확장 의미와 문법화를 이해하는 데 도움이 될 것이다.

한편, 중국어에서 '有'의 후기 문법화는 남방 지역에서 주로 이루어졌는데, 이 때 '有'는 동사적 기능을 잃고 문법소 기능을 담당한다. 이와 같은 현상은 '有+VP' 형식의 변화에서 나타나는데 최근에는 북방에서도 '有'가 문법소로 변화한 '有+VP' 형식이 급증하고 있다. 1990년대 이전만 해도, 현대 표준중국어에서 '有'가 동사 빈어를 취하여 '변화'의 의미로 해석되는 경우에는 결합할 수 있는 동사빈어에 제약이 강하게 존재해왔었다. 따라서 일부의 동사만이 '有'와 결합이 가능하였다.

(1) 最近我的学习成绩有提高。
    최근 나의 학업 성적은 향상되었다.
(2) 生活有改善。
    생활이 개선되었다.

(1-2)에서 '提高'와 '改善'은 자주 '有'와 결합하여 사용되는 동사로 분류된다. '有'와 결합할 수 있는 동사는 '提高'와 '改善'과 같이 2음절의 동사이고, 빈어의 위치에 와서 명사로 해석 가능한 동사만이 선호되었다. 이에 대해 陈宁萍(1987 : 384-385)은 '有'는 동태성을 지닌 2음절동사와의 결합만을 허용한다고 지적한 바 있다. 또한 朱

德熙(1982)는 '有'의 빈어가 될 수 있는 동사는 명사와 동사의 기능을 겸할 수 있는 동사만이 가능하고, 이러한 동사들을 명동사(名动词)라고 칭한 바 있다. 즉, '有'와 결합 가능한 동사는 2음절의 명사적 성격을 겸할 수 있는 동사이어야 한다는 제약을 가진다.

그러나 최근 북방에서 '有+VP' 형식의 사용이 증가하면서 남방방언에서만 사용되던 (3-5)와 같은 예문의 사용 빈도가 증가하고 있다.

> (3) 我有想过你会来。
> 나는 네가 올 것이라고 생각했었어.
> (4) 你有看过昆曲表演吗?
> 너는 곤곡 공연을 본 적이 있니?
> (5) 你有照顾他们的生活吗?
> 너는 그들의 생활을 돌봐줘 보았니?

(3-5)에서 VP는 상표지와 빈어를 취하고 있다. 이 점은 '有'와 결합한 동사는 명사화가 된다는 사실에 위배된다. 명사는 자신의 상표지와 빈어를 취할 수 없기 때문이다. 또한 (3-4)에서 '有'와 결합한 동사 '想', '看'은 1음절 동사이고, 명동사(名动词)도 아니다[3]. 최근 들어 이렇게 기존의 제약에서 벗어나는 '有+VP' 형식이 북방에서도 많이 존재하는데, 이 때 '有'는 문법화가 진행된 '완료' 또는 '강조'의 표지로 해석된다. 그렇다면, 후기 문법화 과정인 '有+VP' 형식에서 나타나는 '有'의 '완료'와 '강조' 기능은 '有'의 어

---

3) 朱德熙는 ≪语法讲义≫에서 '有'가 동사를 수반할 때는 제한이 있음을 밝히면서, 그 예로 '有想', '有看'이라고는 말할 수 없다고 지적하였다. 朱德熙가 제시한 '有+VP' 형식은 이 책의 분류에 따르면 '有+VP₁' 형식에 속하는 것들이다.

떠한 특징에서 확장될 수 있었던 것일까? 이 책의 가설은 '有'의 문법화 이후의 의미는 '有'의 '원의미'의 영향과 동시에 '有'의 빈어가 갖는 특징과 관련이 있다는 것이다. 따라서 이 책은 선행 연구에서 현상의 기술에 치중하여, 현상이 나타나게 된 원인에 대한 고찰에는 소홀하였던 다음의 문제점들을 고찰해 보면서 '有'의 원의미와 '有'의 빈어가 깃는 특징을 규명해보고자 한다. 이러한 고찰은 문법화가 이루어져 이미 원의미를 소실한 것처럼 보이는 '有'의 용법을 이해하는 데 도움이 되리라 본다. '有'의 의미와 '有'의 빈어의 특징과 관련하여 이 책에서 주목한 현상은 다음과 같다.

첫째, '有'가 문두에 위치하는 경우에서, '有'의 의미기능 문제이다. '有'가 문두의 위치에서 비한정 명사구 '一个人'과 함께 사용하게 되는 예는 이미 많은 학자들이 언급한 바 있다. 비한정 명사구 '一个人'은 총칭의 의미로 해석되는 경우를 제외하고는 문두의 위치에서 주제화할 수 없는데, 앞에 '有'를 부가하게 되면 총칭의 의미가 아니라도 주제화하여 사용될 수 있다.

(6) a. *一位客人来了。
    b. 有一位客人来了。
       한 손님이 왔다.

(6)에서 주제화 할 수 없었던 '一个人'은 '有'와 결합한 후, '有'의 빈어가 되면 주제화가 가능하다. 주제화가 가능하다는 것은 '한정성(definiteness)'을 지닌다는 것을 의미한다. 그렇다면 비한정 명사구 '一个人'이 '有'의 빈어가 된 후 어떠한 방법으로 한정성을 얻어

주제화할 수 있게 된 것일까?

둘째, '有的'의 용법에 관한 문제이다. 중국어에서 '有'는 '的'와 결합하여 이미 어휘화된 단어 '有的'를 형성하여 '어떤'이라는 의미로 해석된다. 林庆姫(1996)는 '어떤 것', '어떤 사람'을 의미하는 '有的'의 용법일 경우 반드시 구체적인 명사를 동반해야 한다고 밝히고 있다. 이러한 '有'의 용법은 先秦시기 문헌에서도 발견되는데 林庆姫(1996)는 고대 한어에서 불특정한 존재가 아닌, 구체적인 지시 대상이 있을 경우에 '有'를 사용한다고 지적하였다.

(7) 晋人有冯妇者, 善搏虎, 卒为善士. (孟子, 尽心)
   晋나라 사람 중에 冯妇라는 자가 범을 잘 잡다가 마침내 善士가 되었다.

(8) 宋人有闵其苗之不长而揠之者. (孟子, 公孙丑上)
   宋나라 사람 중에 벼싹이 자라지 못함을 안타깝게 여겨 뽑아 놓은 자가 있었다.

이상과 같은 점에서 우리는 다음과 같은 의문을 제기할 수 있다. 어떻게 해서 '소유'의 의미를 나타내던 '有'가 지칭을 나타내는 '어떤'의 의미로 확장될 수 있었던 것일까? 또한 이상의 예문에서처럼 구체적 지시대상이 있을 경우 '有'를 사용하는 이유는 무엇일까? 즉, '有'의 빈어는 구체적 대상을 가리키는 것인가?

셋째, '有'의 빈어가 형용사일 때 형용사가 '有'와 단독으로 결합하지 않고 '这么', '那么'와 같은 지시사를 앞 성분으로 두는 이유에 관한 문제이다. '有'는 빈어로서 형용사 성분을 취할 수 있는데,

이때는 '비유' 또는 '도달'의 의미를 나타내는 것으로 알려져 있다. 张豫峰(1999), 刘芬乔(2002), 孙光锋(2011) 등은 有 비교문의 긍정형식에서 '有'는 단독의 형용사와 결합하지 않고, 형용사 앞에 '这么', '那么' 혹은 '수량사'와 같은 성분을 요구한다고 지적하였다. 따라서 긍정 형식에서 '这么', '那么'를 생략할 경우 비문이 된다고 보고 있다.

> (9) a. 我孩子大概有我这么高。
>   나의 아이는 대략 나만큼 크다.
>   b. ?我孩子大概有我高。
> (10) a. 小王有电影演员那么漂亮。
>   小王은 영화배우만큼 예쁘다.
>   b. ?小王有电影演员漂亮。

그렇다면, 有 비교문 긍정형식에서, 형용사 앞에 '这么', '那么'와 같은 성분을 요구하는 이유는 무엇인가? 이러한 현상도 '有'의 빈어는 지칭하는 대상이 있어야 한다는 특성 때문에 기인한 것이 아닐까?

넷째, '有'의 대조, 대구 용법으로 사용되는 관용적 표현에 관한 문제이다. '有'의 관용적 용법으로는 有X有Y 구문이 존재하는데, 이 때 '有'의 빈어는 일반적으로 대조 혹은 대구를 이룬다.

> (11) 各国的情况千差万别, 人民的觉悟有高有低。
>   각국의 상황도 천차만별이고 국민들의 의식도 각기 다르다.
> (12) 人世间最重要的就是有吃有喝。

인간에게 가장 중요한 것은 먹고 마시는 것이 있는 것이다.

이상과 같이 '有'가 대조 혹은 대구의 관용적 용법으로 사용될 수 있는 것은 어떠한 이유 때문일까?

이상과 같은 문제에서 필사가 추정하는 가설은 '有'의 빈어는 반드시 '지시'하는 대상을 전제한다는 것이다. 이러한 가설이 맞는다면, 앞서 문제로 제기되었던 '有'의 주제화 용법과 '비교', '도달'의 의미를 나타내는 경우 반드시 지시사가 있어야 하는 이유를 설명할 수 있다. 또한 '有的'의 용법이 생겨나게 된 이유와 '有'가 1음절의 동사나 형용사 앞에서 대구나 대조를 나타내는 관용적 표현이 생겨난 이유 등에 대한 해답 역시 찾을 수 있을 것이라 기대한다. 또한 이러한 고찰은 원의미가 거의 소실된 것으로 보이는 '有'의 문법화 용법을 이해하는 데 도움이 될 것이다. 따라서 최종적으로 '有+VP' 형식에서 '완료'와 '강조'의 용법이 어떻게 파생될 수 있었는지에 대한 해답 역시 찾을 수 있을 것이라 확신한다.

이상과 같이, 이 책은 '有'의 다양한 의미와 용법들을 살펴보는 과정에서 '有'의 원의미와 '有'의 빈어가 갖는 특징이 확장의미에 어떠한 영향을 끼치는지 살펴보고자 한다. 또한 '有'의 문법화와 관련해서는 '有'의 문법화가 왜 남방방언에서 더 발달하게 되었는지에 관한 문제를 다루고, 최근 북방에서 '有+VP' 형식의 증가에는 어떠한 요인들이 작용하고 있는 것인지 심층적으로 분석해본다.

제2장

언어 변화의 양상

1. 인지 언어학과 언어변화

인지 언어학은 형식주의 언어 접근법을 부정하면서 1970년 대 초에 발생한 언어학파이다. 인지 언어학에서는 언어가 마음을 반영하고 밝혀주는 것으로 간주하기 때문에 언어의 구조와 기능은 인지의 진화론적 축적을 기반으로 하여 동기화되어 있다고 본다. 실제 언어 현상은 규칙이나 원리로 이루어지는 기호계라는 관점이나 방법만으로는 설명 불가능하며 언어가 왜 지금과 같은 모습을 하고 있는가 하는 물음에도 답할 수 없다. 인지 주체의 시점이나 관점의 전환 및 투영은 언어 규칙이나 원리에 반영되며 범주 확장이나 심상 처리로 뒷받침된 영상도식의 형성 등은 언어 기호를 통해 표현된다. 이것이 인지라는 틀을 통해 언어를 고찰해야 하는 이유이며, 인지 언어학이 존재하는 이유이기도 하다. 현재 인지 언어학은 크게 인지 의미

론, 인지 문법, 인지 음운론, 인지 화용론, 인지 유형론 다섯 가지
로 분류된다. 인지 언어학이 종래의 형식주의 언어접근법을 부정하
고 기호와 의미와의 관계를 밝히는 것을 핵심과제로 삼으며 탄생
한 언어학파이기 때문에 인지 의미론은 인지 언어학 중에서 가장
중점적으로 연구되어 왔다.

인지 의미론에서는 인간이 의미를 부여하고 이해하는 주체라고
여기며, 의미는 상황 속에서 기호에 담겨지는 것(encoding)이고 주관
적으로 해독되는 것(decoding)이라고 본다. 그러한 의미 부여의 근간
이 되는 지식적인 틀은 이상적 인지모형(ICM)이나 틀 지식이 존재
하는데, 적절한 표현을 만들어내고 그것을 해석하기 위해서는 그것
이 사용되는 문화적, 사회적인 배경적 지식이 중요한 역할을 한다.
이러한 인지 의미론의 관점에서 다의성이나 영상도식은 중요한 연
구 과제가 된다. 주관적이며 능동적인 해석을 '의미'에 포함시키는
입장에서 본다면, 단어나 구문의 의미는 정적인 기술의 대상에 머
물지 않는다. 원래의 의미에서 파생되는 다양한 의미가 어떻게 관
련되고, 전체적인 통일성을 유지하는가 하는 관점에서 의미망 전체
를 역동적으로 묘사하는 것이 바로 인지 의미론적인 기술이다. 때
문에 인지 언어학의 대표적 학자 Langacker는 지각, 유추, 연상, 비
유, 범주화 등의 인간의 인지능력이 언어에 어떻게 반영되어 있는
지를 고찰하며 망모형을 제시하였다.

Langacker의 망모형에서는 한 낱말의 다양한 의미들이 핵의미를
공유하면서 확장관계를 맺으며, 의미 연쇄를 이루고 있음을 보여준
다. 이 망모형에서 각 마디는 주어진 단어의 기성의미를 나타내며,

두 마디를 연결하는 선은 마디 사이의 연결 성질을 나타낸다. 또한
마디들은 범주화 관계(categorization relationship)에 의해서 연관 지어
진다. 범주화 관계는 두 개의 기본 유형, 곧 도식 관계(schematicity ;
직선 화살표로 표시)와 확대 관계(extension ; 점선화살표로 표시)로 나눌
수 있다. 다음 <그림 1>은 영어 명사 {ring}의 관습적 의미를 묘
사하는 의미망의 일부이다.

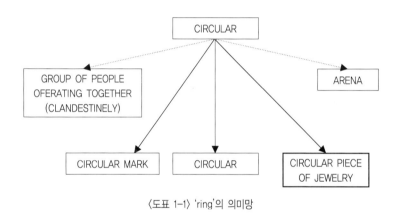

〈도표 1-1〉 'ring'의 의미망

　<그림 1>에서 [둥근 개체] 개념은 [둥근 표시]와 [둥근 물체]에
대해서는 도식적이다. 그리고 [둥근 물체]는 [둥근 보석]에 대해서
도식적이다. 그런데 {ring}이라는 어휘소는 권투, 레슬링 등의 4각
형 경기장에도 적용된다. 그러므로 [경기장]이란 의미는 [둥근 물
체] 혹은 [둥근 개체]로부터 확대된 것이다. 또한 'ring'은 사적으로
비밀리에 결성된 모임을 의미하기도 하는데, 이 경우는 더욱 의미
가 추상적으로 확대된 예이다. 의미망에서 의미를 형성하는 모든
마디는 고착 정도나 인지상의 현저성 정도에 차이가 있으며 어떤

것은 다른 것보다 훨씬 더 쉽게 활성화된다.

이와 같은 Langacker의 망모형은 낱말의 의미연쇄를 잘 보여주기 때문에, 다의어가 핵의미를 기초로 해서 어떻게 의미 확장을 하는지를 잘 보여줄 수 있는 이상적인 틀이다. 단, 이러한 의미망 모형은 단지 핵의미와 확장의미와의 관계 설정만을 보여수기 때문에 학장 의미의 기제와 의미 확장 이후 발생되는 현상들을 설명하기에는 한계가 있다. 이러한 단점을 보완해주는 것이 '영상도식'이다. 인지 언어학은 언어 표현의 의미 속에는 관습화된 '영상도식'이 내재해 있는 것으로 간주한다. Johnson(1987)은 '영상도식'이란 지각과 운동 경험을 통해 얻어진 것들을 의미 있게 만들기 위해 질서를 잡아가는 활동에서 반복적, 규칙적 유형이며 경험과 이해를 조직화하는 기본 구조라고 하였다. 또한 Ungerer & Schmid(1996)은 우리가 은유 표현을 사용할 때 포함이나 경로와 같은 관계에 대해 일반적으로 그림을 눈앞에 떠올리게 되는데 그 그림의 인지적 바탕이 '영상도식'이라고 하였다. 이러한 영상도식은 인간이 세계와 상호 작용함으로써 도출되는 간단하고 기본적인 인지구조로 추상적인 의미론적 원리가 아닌 기본적인 정신적 그림이며 많은 은유적 사상에 중요한 역할을 한다고 지적하였다. 즉, '영상도식'은 우리가 이해하는 경험을 결속성(coherence)있게 만들어 주는 것이다. 따라서 '영상도식'의 개념을 통해서는 상호 관련되는 상당한 양의 개념들을 포괄적으로 이해할 수 있다. 이러한 '영상도식'은 '有'의 문법화 현상을 이해하는 데도 많은 도움이 되리라 본다. Sweetser(1990)은 '영상도식'의 중요성에 대해 지적하면서 문법화가 일어나면 언어

형식이 가진 어휘적 의미는 잃어도 영상 도식적 구조는 보존된다
고 하였다. Lakoff(1993) 역시 이러한 점을 '불변화 가설(invariance
principle)이라고 하였다.

또한 인지 언어학에서 우리가 염두해야 할 이론적 배경 중 하나
는 바탕과 윤곽이론이다. 모든 의미 구조는 바탕(base)에 윤곽(profile)
을 부여함으로써 그 값을 도출한다. 이러한 윤곽과 바탕의 원리는
인지 작용(cognitive functioning)의 한 근본적인 요소이다. 서술의 바탕
은 그 표현이 묘사되기 위해 필요로 하는 인지 영역을 일컬으며,
윤곽이란 그 바탕의 어떤 부분이 특이한 수준으로 드러나 초점으
로 쓰이는 하부구조를 일컫는다. 이러한 개념은 Langacker(1991b : 6)
에서 제시한 다음 예문을 통해 설명할 수 있다.

> (1) a. You've been here enough - please go now.
>   당신은 여기에 충분이 있었어요. 지금 가세요
>   b. California is very far away.
>   캘리포니아는 매우 많이 떨어져 있다.
>   c. By the time I arrived, she was already gone.
>   내가 도착할 때 쯤 그녀는 이미 갔다.

(1a-c)에서 제시된 go, away, gone의 의미는 모두 비슷해 보이지
만, 인지적 영상에서는 다음과 같은 차이를 보인다.

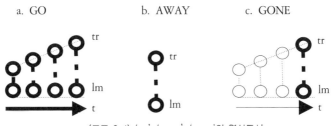

〈도표 2-1〉 'go', 'away', 'gone'의 영상도식

<그림 2>에서 굵은 선으로 나타낸 부분은 '윤곽'으로 드러나는 부분이다. (1a)의 'go'는 동사로써 동작의 과정을 지시한다. 즉, 'go'는 일정한 기간 내에 연속적으로 일어나는 일련의 관계 형상을 윤곽으로 나타낸다. 시간이 지남에 따라서 탄도체(tr)[4]로 지시되는 어느 개체가 다른 개체인 지표(lm)의 이웃에서 밖의 어느 위치로 벗어난다. 이와 달리, b가 영상하는 'away'는 'go'의 마지막 상태와 같은 관계를 윤곽으로 나타낸다. 또한 c의 'gone'도 같은 관계를 윤곽으로 나타내지만, 그 바탕이 'away'와는 다르다. 'away'의 바탕은 단순히 공간 영역이지만, 'gone'의 바탕은 'go'에 의해 윤곽으로 드러나는 과정이다. 과거분사 'gone'의 의미는 'go'의 윤곽에서 마지막 상태에 국한시키는 것이다. 그러므로 'gone'은 윤곽에 의해 'go'와 구별되고, 'away'와는 바탕으로 구별된다.

이와 같이 비슷한 의미를 갖는 단어들은 주어진 바탕에서 서로 다른 하부구조를 윤곽으로 드러내는 것에 의해 의미 구별이 이루

---

4) 두 개의 개체(entity)가 이루는 내부구조를 관계(relation)라고 한다. 이 내부 구조의 묘사 관계에 있어서 가장 두드러진 개체는 탄도체(trajector)에 해당하고 탄도체보다 덜 두드러진 개체이며, 탄도체의 참조점으로 생각되는 개체를 지표(landmark)라고 한다. (Langacker 1987 : 217)

어진다. 따라서 의미값은 바탕이나 윤곽의 어느 한 쪽에 있는 것이 아니라 이들 사이의 관계에 있다. 이러한 의미 구조는 관습적 영상을 포함하고 있다. 인지 문법에서 영상이라는 용어는 언어로 표현하고자 하는 상황을 여러 가지 다른 방법으로 구조화하거나 해석하는 심리적 능력을 지칭한다. 또한 이 영상 때문에 비슷하게 보이는 두 개의 어휘가 다른 의미를 가질 수 있다.

　이상과 같은 인지 언어학의 의미에 대한 기본 가정과 개념5)은 '有'의 의미 분석에도 매우 적절히 활용될 수 있다. '有'의 다양한 의미는 언뜻 보기에는 서로 관련성이 없어 보인다. 예를 들어, '有'의 소유의 의미와 비교 용법에서의 '有'의 '비교', '비유'의 의미는 서로 관련성이 없어 보이기도 한다. 그러나 Lanacker의 망모형이 보여주듯, '有'의 다양한 의미는 원형 의미에 속하는 핵 의미소에서 분화한 것으로 서로 연관성이 있다는 것이 필자의 주장이다. 따라서 이 책은 이상과 같은 인지 문법의 이론적 이론을 바탕으로 '有'가 산출하는 의미 관계의 연관성에 대해 분석하고자 한다.

2. 문법화와 언어변화

　'문법화(grammaticalization)6)'는 프랑스 언어학자 Meillet(1912)7)가

---

5) 이기동(2000)에서 김명숙 <이동동사와 인지의미>의 내용을 참고 하였으며, 제시된 그림과 예문 등을 재인용하였다.

6) 일부 학자들 중에는 문법화에는 두 가지가 있음을 지적하면서, 'Grammaticalization' 는 주로 변화의 결과에 주목할 때에 사용하고 'Grammaticization'은 주로 변화의 과

처음으로 사용한 용어로써 문법화 현상에 대한 정의와 그 범위 등은 시대에 따라 조금씩 변화하였다. 현대에 이르러서 문법화론에서 가장 많이 인용되는 문법화론의 정의는 Jerzy Kurylowicz의 정의인데, 그의 정의는 다음과 같다.

> 문법화란 한 형태소가 어휘적 지위에서 문법적[8] 지위로, 혹은 파생형에서 굴절형으로의 변화처럼 덜 문법적인 것으로부터 더 문법적인 것으로 범위가 증가되는 현상이다. (Kurylowicz, 1975[1965] : 52)

즉, 문법화란 어휘적 단위가 문법적 형태로 바뀌는 현상을 말하며 문법화론을 연구하는 학자들은 문법화의 원리와 기제를 규명하면서 언어 변화에 나타난 인간의 인지적 전략을 연구하였다. 따라서 문법화 이론은 언어 변화의 동기에 대한 설명을 가능하게 하는 노력으로 발전하였고, 이는 그 동안의 언어 변화 이론들이 현상의 기술에 치중하여 언어 변화의 핵심이 되는 '동기'에 대해서는 적절한 설명이 제시되지 않는 단점을 보완해주었다. 또한 문법화를 겪는 어휘의 연쇄적인 변화의 양상은 세계의 모든 언어에서 거의 일정한 패턴을 갖고 있어서 이 패턴을 통해서 인간의 인식체계를 파

정에 주목할 때 사용하는 용어이므로, 이 두 가지를 구별해서 사용하기도 한다. 하지만 이 책에서는 'Grammaticalization'가 이 두 가지 용어를 모두 포함하는 것으로 간주하고 논의를 진행한다.

7) Meillet(1912)은 문법화를 "완전한 자립적 단어에 문법적 특징을 부여하는 것"이라고 정의하였다.

8) 여기서 '문법적'이란 말은 문법상의 적합성을 지칭하는 것이 아니라, 자립적으로 의미의 완전성을 나타내는 '어휘적'이란 말에 상대적인 개념을 나타내는 것이다.

악할 수도 있다.9)

먼저, 문법화의 원리에 대해서 살펴보면, 문법화 이론의 대표적 학자 Paul Hopper(1991)은 문법화의 원리를 층위화(layering), 분화(divergence), 전문화(specialization), 의미지속성(persistence), 탈범주화(decategorialization)로 나누어서 설명하고 있다.

첫 번째로 층위화(layering)란 옛 층위와 새 층위가 공존하는 현상이다. 여러 문법화의 요소들이 같은 기능의 영역 안에서 끊임없이 문법화되는 과정에서 옛 층위는 새 층위가 생겨났다고 해서 반드시 사라지는 것이 아니기 때문에 공시적으로 공존현상이 일어난다.10) 이러한 층위화는 언어의 경제성 원칙과는 상충되는 현상이다. 경제성 원칙에 따르면 동일한 기능을 나타내는 여러 문법소들은 그 중에서 하나만 남겨두고 나머지 문법소들은 모두 사라지면서 언어를 경제적으로 최적의 상태로 만들어갈 것이기 때문이다. 그러나 실제 언어 현상에서는 동일한 기능을 하는 문법소가 있음에도 불구하고 새로운 문법소가 나타나 옛 층위와 새 층위가 공존하는 층위화 현상이 나타난다.

두 번째로 '분화(divergence)'란 동일한 어원에서 나온 여러 형태의 문법소들이 의미, 기능상 나누어지는 현상을 가리킨다. 분화는 각

---

9) Hopper&Traugott(1999 : 8)
10) 현대 한국어에서 층위화의 예를 살펴보면, 진행형의 표지를 들 수 있다. 한국어에서 '~고 있'은 '뛰고 있다'와 같이 전형적인 진행형으로 쓰이다가, '안경을 쓰고 있다'(상태)나 '알고 있다'(인지 작용)에서처럼 그 뜻이 고유의 진행 의미를 잃어 가게 되었다. 이러한 과정에서 '~고 있는 중이'라는 새로운 형태의 진행형이 새 층위로 등장하게 되었는데 옛 층위라 할 수 있는 '~고 있'이 아직도 활발한 형태이기 때문에 두 가지의 문법 형태가 층위화를 이루고 있다. (이성하(1998)에서 인용)

각의 단어들이 위치가 점점 고정되어 가는 과정에서 새로운 의미를 얻으며 나타난다. 즉, 서로 다른 환경에서 각각 다른 변화 과정을 거치면서 점차적으로 의미, 형태, 기능적으로 분화를 겪게 되는 것이다. 중국어에서 '在', '给' 등과 같은 대부분의 개사가 동사의 의미에서 문법소로 발전되는 분화의 과정을 보여주는 예이다.

세 번째로. '선문화(specialization)'란 한 문법소가 특정 기능을 전문적으로 나타내는 현상을 말한다. 여러 문법소들은 층위화 현상을 겪으면서 공시적으로 공존한다. 이러한 공존 상태에서 각 문법소들은 문법소로서의 우위를 차지하기 위해 경쟁을 벌이는데, 그 중의 특정 문법소가 최후의 승자가 되어 해당 문법 기능을 전담하는 문법소로 변하는 현상을 '전문화'라 한다. 한국어의 부사화 어미를 예로 들어보면 고대, 중세 한국어에서는 부사화 어미로 '~이'가 주로 쓰였다. 그러다가 부사화 어미로 '~게'가 쓰이기 시작하여 '~이'와 '~게'가 함께 사용되는 층위화 현상을 겪은 후, 현대 한국어에서는 '~게'가 전문화 되었다.

네 번째로 '의미 지속성(persistence)'이란 문법소가 어원어의 의미를 오랫동안 유지하는 현상을 가리킨다. 문법화에 있어서 의미지속성이 중요한 것은 의미지속 때문에 새로운 문법화가 공기제약을 받는 경우가 많기 때문이다. 예를 들어, 의미가 허화되는 것처럼 보이는 형식동사11)에서도 뒤에 취하는 빈어의 제약이 형식동사 원

---

11) 형식동사(dummy verb)란 그 자체의 고유한 의미가 없고 동사로서의 형식적 기능만 보이는 동사이다. 중국어에서도 통사적으로 동사의 위치에 있지만 문장의 중심 술어의 의미를 자신이 담당하지 못하고 빈어가 담당하게 하는 '进行', '作', '加以', '给以', '给予'와 같은 동사를 '형식동사'라고 부른다.

의미의 영향을 받음을 살펴볼 수 있다. 예를 들어 형식동사 '进行'은 원의미의 [+지속]의 의미자질을 갖는데, 이로 인하여 자신의 빈어로 동작성이 있고 넓은 시간역이 확보될 수 있어 지속 가능한 의미자질을 갖는 동사를 취한다.[12] 한편, 또 다른 형식동사 '给以'와 '给予'는 '进行'과는 상반되는 양상을 보인다. 순간 동작동사인 '给'를 의미소로 가진 형식동사 '给以'와 '给予'는 [-지속]의 의미자질을 지녀서, 같은 의미자질을 갖는 순간 동작동사와의 결합을 선호하고, 넓은 시간역을 필요로 하는 동사와는 결합하지 않는다.[13]

---

12) 安排, 比较, 比赛, 表演, 锻炼, 翻译, 访问, 服务, 辅导, 夏习, 工作, 广播, 回答, 计划, 检查, 建设, 教育, 教训, 解决, 介绍, 警告, 考试, 劳动, 联系, 练习, 了解, 领导, 批评, 认识, 生产, 实践, 说明, 讨论, 学习, 研究, 演出, 照顾, 证明, 准备, 组织, 保护, 保卫, 报道, 布置, 采购, 测验, 处分, 处理, 传播, 创造, 创作, 登记, 调查, 动员, 反映, 分配, 分析, 概括, 革命, 巩固, 估计, 观察, 管理, 合作, 呼吸, 恢复, 会谈, 积累, 计算, 交换, 交际, 交流, 解答, 竞赛, 考虑, 描写, 配合, 批判, 欺骗, 侵略, 设计, 实验, 试验, 谈判, 调整, 统治, 推广, 维护, 消费, 协商, 修理, 宣传, 选举, 选择, 印刷, 争论, 整理, 支援, 指导, 指挥, 转变, 总结, 钻研, 座谈

위의 예는 형식동사 '进行'과 결합을 선호하는 동사이다. 이들은 모두 넓은 시간역을 가질 수 있는 동사이다. 넓은 시간역을 갖는다는 것은 지속가능하다는 것을 의미하기도 한다.

13) 帮助, 表扬, 辅导, 回答, 检查, 解决, 批评, 说明, 塬谅, 照顾, 安慰, 保护, 报道, 补充, 称赞, 处分, 处理, 分析, 否定, 鼓励, 关照, 规定, 合作, 解答, 解释, 纠正, 批判, 确定, 调整, 维护, 限制, 修理, 宣传, 支持, 支援, 指导, 指示, 祝贺

이상과 같은 단어들을 분석해 보면, 긴 동작 과정을 필요로 하지 않는 단어들이라는 것을 알 수 있다. 즉, 시작점과 끝점 사이의 시간적 간격이 거의 없이 동시적으로 발생하는 동사들이다. 이는 빈어선택에서 순간동작동사인 '给'의 [-지속] 의미자질이 제약을 가하고 있음을 확인시켜 준다. 따라서 형식동사 '给以'와 '给予'는 긴 동작과정을 필요로 하는 동사를 빈어로 취하지 않는다.

(1) *双方有关部门将对具体合作事宜给以(给予)协商。
    쌍방의 관련 부서에서 구체적 협력 사항에 대해서 협상한다.
(2) *他们对那个问题给以(给予)讨论。
    그들은 그 문제에 대해서 토론한다.

마지막으로 '탈범주화(decategorialization)'란 어원어들이 문법소로 변해가는 과정에서 명사, 동사와 같은 일차적 문법범주의 특성들을 점점 잃어버리고 형용사, 부사, 전치사, 후치사 등과 같은 이차적 문법범주의 특성을 띠게 되는 현상이다. 문법화 과정에서 대부분의 문법소는 명사나 동사 같은 일차적 범주에서 시작하여 점차석으로 형태론적이나 구문론적인 고유특징을 상실하고 점차적으로 부차적 범주의 특징을 띠면서 변한다. 일반적으로 문법화의 변이는 범주상 으로 다음과 같은 연속변이14)를 거친다.

명사/동사 > 형용사/부사 > 전후치사/접속사/조동사/대명사/지시사

이와 같이 명사나 동사의 일차적 범주 성분이 문법적 성분으로 발전하는 예는 각 언어에서 흔하게 발견된다. 예를 들어, 영어에서 'considering'은 원래는 현재분사로서 분사구문을 유도하는 분사로 서 시작되었다.

(1) a. {Carefully considering, Having carefully considered} all the evidence, the panel delivered its verdict.

14) 연속변이(cline)는 몸을 비스듬히 굽히는 동작(bend)이나 언덕의 경사(slope)를 가리키 는 말에서 나온 것으로, 문법화 현상이 분절적인 것이 아니라 마치 경사면을 따라 연속적으로 배치되어 있음을 가리키는 것이다. 이러한 비유는 문법화에서의 몇 가 지 현상들을 잘 설명해준다. 첫째, 문법화 현상은 사물이 계단을 따라 내려오는 것 처럼 각 단계가 분절적인 것이 아니고 마치 언덕을 따라 내려오는 것처럼 연속적이 다. 둘째, 굴러 내리는 물체가 한 방향을 따라 움직이고 언덕을 거슬러 올라가지 않 는 것처럼, 한 어원어가 문법화할 때에도 단일 방향성을 보인다. 셋째, 경사면을 따 라 굴러내리면서 물체가 자꾸 깨어져서 작아지듯이 문법화 현상에서도 대개의 경우 에는 음운적 크기가 소실되어 점점 작아진다.

b. {Considering/ *having carefully considered} you are so short, your skill at basketball is unexpected. (Hopper & Traugott 1993 : 105)

위의 예 (1a)에서 보면 'considering'은 부사의 수식을 받기도 하고 완료구문을 가질 수도 있고, 분사구문에서 규칙을 삼는 주절 주어와 분사구문의 의미상 주어의 일치도 잘 지키고 있다. 따라서 (1a)의 'considering'은 동사적 성격을 유지하고 있는 것으로 파악할 수 있다. 그러나 (1b)에서의 'considering'은 부사의 수식을 받지 않고, 완료구문을 가지지 않으며, 주절 주어와 분사구문의 일치도 보이지 않는다. 즉, 이 때 'considering'은 동사적 성격을 잃고, 이차적인 범주인 접속사로 변한 것임을 알 수 있다.

그렇다면 이러한 문법화를 일으키는 기제는 무엇일까? 이에 대해서 문법화론 연구가 본격적으로 시작된 이래 학자들은 은유(metaphor), 조화(harmony), 흡수(absorption), 일반화(generalization), 유추(analogy) 등과 같은 문법화 기제들을 제시해왔다.

먼저, '은유(metaphor)'란 어떤 대상을 다른 종류의 대상으로 경험하는 것, 구체적으로부터 추상적인 것으로의 전이를 뜻한다. 언어 활동에서 언어 사용자들은 어떤 어휘 항목들을 더욱 많이 사용하도록 유도하는 은유적 확장을 빈번히 사용하고 있다. Heine et al(1991)은 시공간 표지의 발달을 포함한 존재론적 범주의 변화를 연구하면서 은유의 이동방향을 다음과 같이 지적하였다.

(2) 사람 > 물체 > 행위 > 공간 > 시간 > 질

이와 같은 은유의 이동방향을 나타내고 있는 신체부위 '등(back)'의 발전 개념을 살펴보면 다음과 같다.

(3) back(신체) > behind(공간) > after(시간) > retarded(질)[15]

이와 같은 은유는 사물들 사이의 외양이나 성질 등의 유사성을 발견하여 사물이나 관념을 대치, 외연하는 문법화 기제이다.

다음으로 '조화(harmony)'란 문법소가 그 의미상 조화를 이루는 언어 형태에만 쓰이다가 이와 유사한 맥락으로까지 점점 확대되어 쓰이는 현상을 말한다. 예를 들어 강한 의무를 나타내던 'should'의 의미가 약한 의무성이나 예정과 같은 의미의 조화성에 의해 변화한 의미는 다음의 세 단계로 정리된다.

(4) 제1단계 : 'should'가 의미상 조화되는 문맥에서 나타난다. 'should'의 의미를 추가할 수도 있고 추가하지 않을 수도 있다. 'essential', 'suggest'와 같은 주절 술부와 함께 쓰인다.

제2단계 : 'should'가 의미상 조화되는 문맥에서 나타난다. 'should'는 의미를 추가하지 않는다. 'legitimate', 'inevitable'

---

15) (1) Her son was lying peacefully on his back. (신체)
　　(2) There is a lake back of the city. (공간)
　　(3) Let's meet at the back of one hour? (시간)
　　(4) The child is backward(back) in English. (질)

등의 주절 술부와 함께 쓰인다.

제3단계 : 'should'가 약한 의무성을 나타내는 서법 형태로가
아니라 접속법의 종속절을 표시하는 형태로 언어사
용자들이 재분석함으로써 조화성이 있거나, 조화성
이 없거나, 심지어는 조화성을 깨뜨리는 의미를 가진
주절 술부와 함께 쓰인다. 'funny', 'distasteful' 등과
같은 가치 판단이나 사실전제 동사(factive verb)들, 그
리고 'think', 'expect' 등과 같은 심리 태도를 나타내
는 동사들의 주절 술부와 함께 쓰인다.

(이성하(2006 : 257))

한편, '흡수(absorption)'란 한 문법소가 원래 담당하고 있던 기능
을 잃어버리면서 그것이 쓰이는 문맥에서 의미를 얻게 되는 것을
가리킨다. 예를 들어, 영어에서 기본적인 가능성을 표시하는 데 있
어서, 'can'이 'may'를 대체해가고 있고, 'will'이 'shall'을 대체해가
고 있는 현상은 이러한 문법화 과정의 일부이다. 이러한 대체 과정
에서 옛 문법소는 완전히 소멸되기도 하지만 때로는 주된 기능에
서 밀려나 이차적인 기능을 맡기도 한다. 그런데 주된 기능에서 밀
려나 이차적인 기능을 맡게 된 옛 문법소는 그것이 쓰일 수 있는
상황이 제한되어 있어서 그러한 문맥에서 새로운 의미를 얻게 되
는데 이것을 '흡수'라고 일컫는다. 이와 같은 '조화'와 '흡수'는 단
어의 의미가 이미 상당부분 잃어버린 후에 문법소의 기능을 전담
하려 할 때 발생한다.

또한 '일반화(generalization)'란 어휘소의 의미가 점점 특수성을 잃

어 일반적인 의미를 갖게 되는 의미 변화 과정을 가리킨다. 의미
일반화에서 널리 인용되는 조동사 'can'은 다음과 같은 3단계의 의
미 일반화 과정이 나타난다.

> (5) can
>> a. 정신적인 가능성 : 정신은 행동주가 존재하는 상황에서 미래
>> 상황의 완성을 가능하게 한다.
>> b. 일반적인 가능성 : 행동주가 존재하는 상황에서 미래 상황
>> 의 완성을 가능하게 한다.
>> c. 기본적인 가능성 : 미래 상황의 완성을 가능하게 한다.
>>> (Bybee(1998b))

Bybee는 'can'이 처음에는 'read', 'spell', 'paint' 등과 같은 정신
능력에 중점을 두는 단어들과 함께 쓰이다가 점차 'sew', 'cook',
'build' 등과 같이 정신적인 능력뿐만 아니라 신체적인 능력을 포괄
하는 단어들로 그 쓰임이 확대되었음을 지적했다. 이러한 확대를
거쳐서 'can'이 행동주(agent)의 일반적인 능력을 가리키는 단어로
바뀌었고, 이후 'swim'이나 'lift'처럼 정신적인 능력보다는 신체적
인 능력에 더 중점을 두는 단어와 함께 쓰이게 되었다. 또한 이러
한 (5)의 (a)에서 (c)로의 의미변화는 일반적으로 '추론'의 단계를
거쳐 일어난다. '추론'이 문법화에서 가지는 대표적인 특징은 문법
소의 의미변화라고 할 수 있다.

마지막으로, '유추(analogy)'란 어떤 언어 형태가 의미나 기능, 음
성적으로 비슷한 언어 형태에 동화하여 변하거나 또는 그런 형태

가 새로 생겨나도록 하는 심리적인 과정을 가리킨다. '유추'라는 단어의 어원이 되는 그리스어의 'analogia'는 원래 변칙성을 뜻하는 'anomalia'의 반의어로 규칙성을 뜻한다. 즉, '유추'란 언어 형태를 일관성 있게 만드는 기제라고 할 수 있다. 유추의 현상으로 가장 널리 알려진 예는 영어의 복수 표지의 변화이다. 불규칙했던 단수 복수의 형태를 가진 단어들이 더 흔한 복수형이었던 '-s' 형태로부터 유추되어 '-s' 형태로 통일되어 가는 경향을 보여준다.

이상과 같은 기제들은 서로 분명한 경계를 갖고 있는 것이 아니라 각 용어들이 정의하는 영역들이 정의하는 영역이 중복되어 있는 경우가 많다. 또한 언어 변화가 인간의 인지에 의해 유발되고, 인지적 책략이 한가지로 획일적인 것이 아니라면, 전반적인 언어변화에는 많은 기제들이 관련되어 있으며, 한가지 변화에도 여러 가지 기제들이 작용할 수 있다고 보아야 할 것이다.16)

---

16) 이성하(2006)

제3장

중국어 소유동사 '有'의 특징

1. '有'의 품사

'有'가 빈어로서 사물을 나타내는 빈어를 취하였을 때, '有'를 '소유'나 '존재'의 의미를 가진 '동사'로 보는 점에는 학자들 사이의 이견이 없다. 그러나 '有'가 상태를 나타내는 빈어를 취하여 '비교', '도달'의 의미로 해석되는 경우와 동사 빈어를 취하여, '변화'의 의미로 해석되는 경우에는 품사를 분류함에 있어서 많은 논쟁이 있어왔다.

'有'가 비교문에 사용되어 '비교', '도달'의 의미를 지니는 경우, '有'의 품사를 여전히 동사로 취급해야 한다는 견해와 동사가 아닌 개사로 보아야 한다는 견해로 나누어진다. 동사로 보는 견해로는 朱文雄(1995), 郑懿德(1997), 张豫峰(1998), 刘苏乔(2002)가 있으며, 개사로 보는 견해는 林泰安(1986)과 宋玉柱(1987) 등이 있다. 林泰安(1986)은 비교문에서 '有'의 통사적 위치나 의미상 해석이 개사로 분류되는 '像', '不如'와 일치한다는 점을 들어 '有'를 개사로 취급하면서 개사의 특징을 언급하였다. 그가 제시한 개사의 특징은 중첩과 단독 사용이 불가능하고, 빈어를 반드시 수반하며, 상표지, 부사어, 보어를 동반하지 않는다는 점이다.17) 또한 宋玉柱(1987)18)는 有 비교문에서는 해석상 '有'의 빈어 위치에 있는 주술구의 진리 여부에 초점이 있는 것이 아니라, 초점은 주어와 '有' 뒤의 명사 즉 비교 대상과의 상관관계에 놓이는 것이라고 설명하며 '有'를 개사로 취급해야 한다고 주장하고 있다. 그러나 필자의 고찰에 의하면 이들이 제시한 '有'를 '개사'로 취급해야 하는 이유에는 많은 문제점을 가지고 있다.

　林泰安(1986)이 제시한 '개사'의 특징들은 동사 중에서 '정태동사'가 갖는 특징이다. 즉, 그러한 특징들은 '개사'의 특징에 분류되나, 정태동사가 갖는 특징과도 일치한다. 예를 들어, 관계동사 '是'도 林泰安(1986)이 제시한 '개사'의 특징을 모두 갖는다. 이뿐만 아니라, '姓', '等于', '在'와 같이 동작성이 약한 관계동사, 정태동사들은 모두 위의 특징을 갖는다. 즉, 林泰安(1986)의 논리대로라면 관계

---

17) '有'가 개사의 전형적인 특징을 갖고 있다고 주장하였는데 崔希亮(2004)이 제시한 전형적인 개사의 특징 6개를 '有'에 적용시켜 보면 다음과 같다.
　첫째, 중첩할 수 없다. 　　　　　　*苹果长得有有拳头大了.
　둘째, 단독으로 사용할 수 없다. 　苹果长得有拳头大吗? / 有啊. (→위배)
　셋째, 빈어가 반드시 있어야 한다. 　苹果长得有这么大了. (→위배)
　넷째, 상표지 了, 着, 过를 부가할 수 없다. *苹果长得有(了 / 着 / 过) 拳头大.
　다섯째, 부사의 수식을 받을 수 없다. 　*苹果长得很有拳头大.
　여섯째, 보어를 부가할 수 없다. 　　*苹果有得是拳头大.
18) 林泰安(1986)이 제시한 '有'의 개사적 특징은 '有'가 정태동사이기 때문에 갖는 특징들이다. 또한 개사가 가지는 전형적 특징 6개 중에서 단독으로 사용할 수 없다는 점과 빈어가 반드시 있어야 한다는 특징에도 부합되지 않는다.

동사, 정태동사들을 모두 개사로 간주해야 하는 모순을 가지게 되는 것이다. 한편, 비교, 도달 의미인 '有'는 단독으로 사용 가능하다는 점과 긍정과 부정 형식을 이용하여 정반 의문문을 만들 수 있다는 특징을 갖고 있는데 이는 동사가 갖는 특징이다. 개사는 일반적으로 긍정과 부정 형식을 연이어 사용하여 의문문으로 만들 수 없지만 '有'는 긍정과 부정의 형식을 반복하여 의문문을 만들 수 있다는 점에서 비교문의 '有'는 동사적 성격을 지니고 있다. 필자는 이러한 특징에 근거하여 상태 빈어를 취하여 비교, 도달의 의미를 나타내는 '有' 역시 동사로 취급해야 한다고 보고 있다. 한편 '有'가 명사가 아닌 형용사, 동사의 성분 등도 빈어로 취할 수 있는 '용언성 빈어동사(谓宾动词)'라는 점을 고려한다면,[19] 이 경우 '有'는 체사가 아닌 상태를 나타내는 술어구를 빈어로 취하여 '소유'의 의미로 해석할 수 있다. 예를 들어 '他有我这么高.'에서 '他'는 我这

---

19) 朱德熙(1982 : 58-61)는 각기 다른 기준에 따라 동사를 다양한 종류로 분류할 수 있음을 지적하고 다음과 같이 동사를 분류하였다.

```
动词 - 体宾动词
     - 谓宾动词  -  真谓宾动词
     - 准谓宾动词
```

朱德熙는 동사의 빈어 선택을 기준으로 동사를 먼저 명사성 빈어와만 결합하는 体宾动词와 동사성 빈어와 결합할 수 있는 谓宾动词로 나누었다. 또한 谓宾动词는 빈어의 구조에 따라서 真谓宾动词와 准谓宾动词 두 가지로 나뉜다. 단독의 동사, 형용사, 주술구조, 술빈구조, 연동구조, 또는 수식어가 부사어인 수식구조 등을 모두 빈어로 취할 수 있는 동사를 真谓宾动词라 하고, 빈어로서 2음절 동사 혹은 수식구조만을 취하고 주술구조, 술빈구조, 연동구조를 빈어로 취하지 않는 동사를 准谓宾动词라고 한다. 真谓宾动词에 속하는 동사는 '觉得, 希望, 赞成, 打算, 以为, 认为, 感到, 能, 应该' 등이고, 准谓宾动词에 속하는 동사로는 '进行, 作, 加以, 给以, 给予, 从事, 受到, 致以, 得到' 등이 있다.

么高.'라는 상태를 소유하고 있는 의미로 파악할 수 있다. 즉, 이 때 '有'는 동사적 의미인 '소유'의 의미로 해석 가능한 동사로 파악 된다. 이것은 비교문에서 '有'는 아직 문법화 과정이 완전히 실현 되지 않은 은유적 의미 확장에 속한다는 것을 말해준다. 이는 6장 에서 논의 될 '有+VP' 형식에서 후기 문법화가 진행되고 있는 '有'의 의미 확징의 경우와 의미, 품사적 특징에서 모두 차이를 보 인다.

한편, '有'가 동사빈어구인 VP를 취하는 '有+VP' 형식에서 '有' 의 품사를 어떻게 취급해야할지에 대한 문제는 최근 들어 많은 논 의가 진행되었다. 이는 현대 표준중국어에서 '有'가 VP와 결합하여 사용되는 '有+VP' 형식이 점점 증가하고 있다는 점에 기인한다. '有+VP' 형식의 품사에 관한 논의는 '有'를 동사로 보는 견해와 부사로 보는 견해로 나눌 수 있다. 赵元任(1979), 吕叔湘(1980), 朱德 熙(1982), 刘月华(1983), 范晓(1987), 张爱民(1992) 등은 '有+VP' 형식 에서 '有'는 발생, 변화, 출현의 의미를 나타내는 '동사'라고 지적 하였다. 이와 달리 邢福义(1990), 张豫峰(1998), 陈海燕(2004), 刘晶 (2009)은 부정부사 '没有'와 대응시켜 '有'의 품사도 '부사'로 간주 해야 한다고 주장했다.

이와 같은 선행 연구들은 '有'가 동사 빈어를 취하는 경우에 대 해서, 대부분 별다른 구분을 하지 않고, 하나의 범주로 통합하여 연구하는 한계점을 가지고 있다. 이로 인해 '有+VP' 형식에서 '有' 를 어떠한 품사로 보아야 할지에 대해서 혼란을 야기했다. 그러나 필자의 고찰에 의하면 '有'가 동사 빈어를 취하는 경우는 초기 문법화 상태인 '有+VP₁' 형식과 후기 문법화 상태인 '有+VP₂' 형식으로 분류할 수 있다. 또한 이 두 형식은 통사, 의미적 측면에서도 다른 양상을 지닌다. 따라서 이 책에서는 '有+VP' 형식을 두 유형으로 구분하고, 이 때의 '有'의 품사도 각각 분류해야함을 지적하고자 한다.

2. '有'의 의미

有자문에서 '有'의 의미는 매우 다양하게 해석된다. 有자문을 하나의 문형으로 간주한 최초의 연구인 呂叔湘(1942)은 '有'의 의미를 '소유', '존재', '포함'의 의미로 분류하였다. 이후, 有자문의 연구가 활발해짐에 따라 학자들은 '有'의 의미를 보다 세분화하여 구별하였다. '有'의 비교, 도달의 의미를 지적한 것은 高耀墀(1957)에서부터이다. 이후로 丁声树(1961), 詹开第(1981), 刘月华(1983) 등도 역시 '有'가 사물의 성질, 정도, 수량에 도달함을 나타내는 의미를 나타낸다고 지적하였다. '有'의 또 다른 의미로 赵元任(1979)과 刘月华(1983) 등은 '발생'과 '출현'의 의미를 지적하였다. 이 외에 高耀墀(1957), 丁声树(1961), 詹开第(1981), 刘月华(1983)에서는 '有'의 열거 용법에 대해서도 지적하였다. 따라서 현재 '有'의 의미는 소유, 존재, 포함, 비교, 도달, 발생, 출현, 열거 등으로 분류되는 것이 일반적이다. 이러한 선행연구에서의 '有'의 의미 분류는 '有'의 다양한 의미와 용법을 파악하는 데 많은 공헌을 해왔다. 그러나 이들 선행

연구에서는 '有'가 어떠한 확장 과정을 거쳐 이와 같은 다양한 의미로 파생될 수 있었는지에 대한 문제에는 간과해왔다.

한편, 1990년대 이후, '有'의 원의미가 무엇인가를 고찰하는 연구가 증가하기 시작되었는데, '有'의 원의미를 '존재'로 보는 경우와 '소유'의 의미로 보는 견해로 나눌 수 있다. 먼서 '有'의 원의미를 '존재'로 보는 견해로는 아래와 같온 许慎의 ≪说文解字≫의 설명을 따른 경우가 대부분이다.

> "有, 不宜有也, ≪春秋传≫曰 : '日月有食之.' 从月又声."
> '有'는 당연히 있어야 할 것이 아닌데 있는 것이다. ≪春秋传≫에 이르기를 : '해와 달에는 그것이 먹히는 일이 있다.(일식과 월식이 있다.)'라고 하였다. 뜻은 '月'을 따르고, 음은 '又'이다.

≪春秋传≫에는 일식과 월식의 현상을 설명할 때, '有'자를 사용하고 있는데, 허신은 이때 '有'는 당연히 있어야 할 것이 아닌데 있는 것을 나타낸다고 지적하였다. 이에 대해 段玉裁는 ≪说文解字注≫에서 '有'는 당연히 있어야 할 것이 아닌데 있는 것을 이르는 것으로 이것이 전이되어 '있다'의 의미가 되었다고 설명하였다.

> "有, 不宜有也", 谓本是不当有而有之称, 引伸遂为凡有之称. 凡春秋书 '有'也, 皆有字之本义也.
> '有, 不宜有也'는 당연히 있어야 할 것이 아닌데 있는 것을 이르는 것인데 전이되어 결국 '있다'는 의미를 두루 이르게 되었다. ≪春秋≫의 '有'는 모두 '有'자의 본뜻이다.

이상과 같은 관점에서 陈叶红(2006)은 '有'는 고대인들에게 환영받지 못한 일식, 월식과 같은 천문 현상의 객관적 존재를 나타내는 말을 본뜻으로 삼아 나타나게 되었다고 주장하였다. 이후, '有'의 본의를 '존재'로 삼는 견해의 대부분은 이상과 같은 ≪设文解字≫의 해설을 인용하고 있다.

한편, '有'의 원의미를 '소유'로 보는 학자들은 설문해자의 해설에 대해 의문을 제기한다. 徐灝는 ≪设文解字段注笺≫에서 다음과 같이 주장하고 있다.

> 徐灝 ≪设文解字段注笺≫
> ≪春秋≫书曰：'有食之'，给'有蜮'之类，谓不宜有可也. 如曰'有年'，岂亦不宜有乎? 此义殆非也. 凡言有者，皆自无而有，然後谓之有，月由晦而生命，自无而生有之象. 或曰：从肉，古者未知稼穑，食鸟兽之肉，故从又持肉为有也.
> ≪春秋≫에서 말하는 '有食之', '有蜮' 부류는 당연히 있어야 할 것이 아닌데 있는 것을 이르는 것이다. 만약 '有年'이라고 말할 때는 어찌 당연히 있어야 할 것이 아닌데 있는 것이겠는가? 이 뜻은 아마도 잘못된 것이다. 무릇 '有'라고 말하는 것은 모두 본래 없었다가 있게 된 후를 일러 '有'라고 이르니, 달이 어두웠다가 빛이 나온 것이다. 없었다가 있게 되어 그러한 형상이 있게 된 것이다. 혹은 이르기를, 肉의 뜻을 따르니, 옛날 사람들은 농사지을 줄을 몰라 날짐승과 길짐승의 고기를 먹었으므로 손에 고기를 지니고 있음의 의미에 따라 '有'가 된 것이다.

徐灝는 설문에서 '有'를 당연히 있어야 할 것이 아닌데 있는 것이라고 해석하는 것은 잘못된 해석이라 주장하며, '有'는 '달'의 형상이 아닌 '고기'의 형상으로 보아야 한다고 지적하였다. 이후로 徐灝의 의견을 따라서 '有'를 '손에 고기를 지니고 있음'의 의미로 보는 견해들은 '有'의 의미부는 '肉'으로 보아야 한다는 점에 동의하고 있다. 또한 이들은 손에 고기가 있게 된 이후의 상태를 의미하는 것은 '소유'의 의미로 해석된다고 수장하였다. 필자는 '有'의 자형과 의미 확장 과정을 살펴볼 때 '有'는 '손으로 고기를 지니고 있다.'의 의미에서 생겨난 '소유'의 의미를 원의미로 보아야한다는 견해에 동의한다. 허신의 설명대로 '有'의 의미부를 '月'로 보아 '有'의 의미를 일식과 월식의 의미와 관련지어 '당연히 있어야 할 것이 아닌데 있는 것'이라고 본다면, 있어서는 안 되는 의미가 어떻게 '있다'의 의미로 전이되었는지의 해석이 용이하지 않다. 또한 '당연히 있어야 할 것이 아닌데 있는 것'을 나타내는 의미가 '有'의 원의미라면 이 당시 단순히 '있다'를 나타내는 동사는 어떠한 어휘로 표현하였던 것일까? 한편, '有'의 금문과 소전의 자형을 통해 보더라도, '有'는 손을 형상화한 '又'와 고기를 나타내는 '肉'의 결합으로 보고 '손이 고기를 지니고 있다'의 의미로 보는 것이 타당하다. 또한 인지적 측면에서도 한 어휘가 '소유'라는 개념에서 '존재'의 의미로 확장되었다는 의미적 해석이 훨씬 더 인간의 인지적 원리에도 부합된다. Langacker(1991)에 따르면 사람은 가장 큰 인지적 현저성을 지니고, 물리적 물체는 추상적 개체보다 더 현저하게 인지된다. '有'의 경우에도 사람에 현저성을 둔 구체적 행위인 '소유'라는 개념이 추상적인 자연의 '존재'라는 개념보다 앞섰을 것이라 판단된다. 또한 고대 문헌에서 '有'가 '존재'로 해석되는 경우보다는 '소유'로 해석되는 경우가 압도적으로 많다는 崔芸(2003)에 근거하면20) '有'의 확장의미는 '소유'의 의미에서 파생된 것으로 보는 것이 타당하다. 사용 빈도가 높은 단어일수록 의미 확장이 일어날 가능성이 높기 때문이다. 따라서 필자는 '有'의 원의미를 '소유'로 보아야 한다는 견해에 동의한다. 한편, '有'의 원의미를 고찰한 대부분의 연구에서는 '有'의 원의미가 '존재'인가 '소유'인가라는 문제에만 치우쳐서 '有'의 원의미가 어떠한 기제를 거쳐 파생되어 확장 의미를 형성하였는지에 대한 고찰은 간과하였다. 이러한 분석의 최초의 시도는 朴起賢(2004)에서 보인다. 朴起賢(2004)은 '有'의 원의미를 '소유'로 보고 기존에 '有'의 의미로 분류되어 왔던 의미들을 의미망에 근거하여 설명을 시도하였다. 그러나 '有'의 의미와 확장의미와의 의미 관계만을 기술하였을 뿐, 의미 관계 형성에 어떠한 기제들이 작용하였는지에 대해서는 설명이 부족하다. 이것은 연구분석을 원의미와 확장의미와의 관계 설정만을 보여주는 의미망 고찰에만 근거했기 때문이다. 따라서 이 책에서는 '有'의 확장 의미들이 원의미인 '소유'의 의미에서 어떠한 기제를 통해 의미 확장이 될 수 있었는지 고찰해보기 위해 은유적 확장의 기반이 되고 우리

---

20) 崔芸(2003)은 ≪左传≫에 출현하는 有자문에서 '有'의 의미는 다음과 같은 분포를 나타낸다고 지적하였다.

	수량	백분율
소유	513	77.73%
포함	37	5.61%
존재	71	10.61%
발생	32	4.85%
계량(计量)	8	1.21%

의 인지 개념을 처리하는 데 유용한 기제인 '영상도식'을 이용하여 설명하고자 한다.

3. '有'의 문법화

'有'의 문법화에 대한 연구는 '有的'와 같이 이미 어휘화된 단어들과 '有'가 완료 또는 강조의 기능을 하는 '有+VP' 형식을 중심으로 이루어졌다.

'有的'에서 '有'의 동사적 의미는 허화되었다고 간주해왔다. 따라서 이 때 '有'는 소유의 의미가 아닌 문법적 기능을 담당하고 있다고 지적한다. 徐烈炯, 刘丹青(1998)은 '有的'는 대상을 분할하고 지칭하여 대상에 한정성을 부여하는 역할을 한다고 지적하였다. 이점에 대해 周小兵, 徐霄鹰(2001)은 '有的'가 대상을 지칭하는 것은 맞지만 '한정성'을 갖게 하지는 않는다고 주장하였다. 蔡维天(2004)는 '有的人'에서 '有的'는 '人'을 한정하는 수식어라고 간주하며, '有的人'은 특정성(specificity)을 갖는다고 밝힌 바 있다. '有的'에 관한 이러한 논의는 '有的'가 지시하는 대상이 반드시 존재한다는 점에 기인한다. 따라서 자연언어에 나타나는 지시(reference)와 관련된 개념으로 제기되는 한정성(definiteness)과 특정성(specificity)의 개념을 통한 논의가 제기되고 있는 것이다. '有'의 이 같은 논의는 비한정 수량구를 주제화하게 하는 '有'의 기능을 설명할 때도 자주 언급되어 왔다.

石毓智(2001)는 비한정의 특징을 갖는 수량명사구는 주제화할 수 없지만 어법표지 ‘有’를 부가할 경우, 주제화가 가능함을 지적한 바 있다.21)

    (1) a. 有几本书我找不到了。
           나는 몇 권의 책은 찾지 못했다.
       b. *几本书我找不到了。
    (2) a. 有(一)件事情我要跟你商量商量。
           일이 있으면, 당신과 상의하겠습니다.
       b. *一件事情我要跟你商量商量。
    (3) a. 有一个人来了。
           어떤 사람이 왔다.
       b. *一个人来了。

张新华(2006)는 한정성의 등급을 강한정(强限定), 약한정(弱限定), 비한정(无定)으로 나누었는데, (3)의 ‘有一个人’과 같은 有+NP는 약한정이라고 분류하고 있고, 수량명사구 ‘一个’는 비한정에 속한다고 보았다. 孟艳丽(2009)는 이 때 ‘有’는 존재를 나타내던 의미가 점차 허화되면서 생겨난 문법화가 진행된 주제화 표지로 보고 있다. 또한 이와 같이 ‘有’가 문두에 위치하던 존현문인 경우, 대부분 수량사를 동반하였는데, 이것이 굳어지면서 주제화의 표지로서 작용하여 비한정명사구를 한정적이게 만드는 역할을 한다고 지적하였다. 左思民(2006)은 비한정 명사구가 ‘有’를 부가할 경우 주제화가 성립가능한 이유를 ‘有’가 ‘존재한다는 현실성’을 설명하는 기능으로

---

21) (1-3)은 智(2001)가 제시한 예문을 인용하였다.

인해 '有'의 빈어가 된 비한정 명사구는 '주어지지 않은 정보(未知)'의 존재에서 '주어진 정보(已知)'의 존재로 바뀌었기 때문이라고 지적했다.

이와 같은 논의는 '有'가 동사적 의미가 허화되면서 지시적 기능과 주제화 기능을 할 때, '有'의 빈어는 '지시(reference)'와 관련된 기능을 한다는 점에 모두 동의하는 듯 보인다. 그러나 선행 연구에서는 '有'가 어떠한 원리로 '지시'와 관련된 기능을 얻었는지에 대한 설명은 하지 않고 있다. 또한 '지시'의 개념을 나타내지 않던 비한정 명사구가 '有'와 결합한 이후 '지시'의 특징이 생겨났음을 언급하면서도, '有'의 빈어가 되면 왜 '지시'의 특징을 가지는가의 고찰은 간과해왔다. 따라서 문법화 이후 '有'가 결합하는 빈어의 특징이 문법화 이전의 '有'의 빈어의 성격과 어떠한 상관관계를 맺고 있는지의 고찰은 부족하였다고 할 수 있다. 따라서 이 책에서는 문법화 이전의 '有'의 빈어의 성격을 고찰해보면서, 문법화 이후 '有+빈어'의 특징으로 언급되었던 한정성과 특정성의 개념을 적용할 수 있는지 고찰해보도록 한다.

한편, 최근 현대 표준중국어에서 '有+VP' 형식이 증가하고 있다는 사실은 이미 많은 학자들에 의해 언급된 바 있다. 또한 이때, '有'는 문법화가 진행되어 동사적 의미가 허화 되었다는 사실에 동의하고 있다. 이 때, 문법화가 발생한 이후의 '有'의 의미에 대해서는 孔见(2002), 宋金兰(1994), 陈叶红(2007), 石毓智(2001) 등은 '有'가 '완료'의 의미로 사용되고 있음을 지적하였고, 施其生(1996), 董于雯(2003), 孙琴(2003)과 王森(2006) 등에서는 '강조'의 용법도 지적하였다. 즉, '有+VP' 형식에서 '有'는 문법화 이후에 '완료' 또는 '강조'의 용법을 갖는 것으로 귀결된다. '有+VP' 형식이 최근 북방에서 증가하고 있는 이유에 대해서는 언어 내적 요소로는 '有没有' 의문문과 '유추'의 영향으로 설명하고 있고, 언어 외적 요소로는 閩 방언의 영향이라고 지적하였다.

이상의 선행연구에서는 '有'가 문법화가 진행되어 '완료'와 '강조'의 기능을 담당하고 있음을 설명하지만 '완료'와 '강조'의 용법은 어떻게 구분될 수 있는지에 대한 설명은 결여되어 있다. 또한 '소유'의 의미를 나타내던 '有'가 '완료'의 의미로 파생될 수 있었는지에 대한 이유는 소유와 완료상간의 의미의 내적 대응관계로 설명하고 있지만, '有'가 어떻게 '강조'의 의미로 파생될 수 있었는지에 대한 설명은 전무한 실정이다. 한편, '有+VP' 형식에서 '有'의 문법화를 지적하면서도 '有'의 문법화 원리에 대한 고찰은 간과하였으며, '有'의 문법화 기제에 대해서는 '유추' 이외의 다른 문법화 기제에 대해서는 언급하고 있지 않다는 점에서 '有'의 문법화에 대한 전면적이고 체계적인 연구는 없는 것으로 보인다. 이러한 점은 문법화를 언급하면서도 통시적으로 '有+VP' 형식이 어떻게 변해왔는지에 대한 고찰이 부족했기 때문이라고 판단된다. 또한 '有+VP' 형식의 사용이 북방에서 증가하고 있다는 점을 지적하면서도 이것을 입증할 만한 정확한 코퍼스 분석과 통계 자료 등의 제시는 부족한 현황이다. 따라서 이 책은 '有+VP' 형식에서 '有'가 '완료'의 의미와 '강조'의 의미로 사용되는 사용 환경의 차이를 제시하고, '유추' 이외의 '有'의 문법화의 원리와 기제들을 지적할 것이

다. 또한 현재 북방에서 '有+VP' 형식의 수용정도를 보여줄 수 있
는 데이터를 제시하면서 수용정도에 영향을 미치는 다른 변인들
역시 제시해보고자 한다.

4. 有자문의 범위

중국 어법학계에서는 有자문의 범위에 대한 논쟁이 있어 왔는데,
이는 크게 광의의 有자문과 협의의 有자문으로 나눌 수 있다. 광의
의 有자문은 '有'가 문장에서 중심 술어 역할을 하지 않더라도 '有'
가 문장에 포함되기만 하면 有자문으로 간주하는 견해이다. 有자문
을 광의의 有자문의 관점에서 파악한 연구로는 呂叔湘(1942), 黎锦
熙, 刘世儒(1957), 詹开第(1981)가 대표적이다. 詹开第(1981)는 '有些'
'有的'가 주어 위치에 출현하는 문장 또한 有자문이라고 주장하였
다. 또한 有자문 문형 연구를 처음 시작한 呂叔湘(1942)은 (1-3)과
같이 '有'가 생략된 것으로 보이는 구문도 有자문으로 간주하였다.

> (1) 户内一僧
>   집안에 승려 한명
> (2) 对林一小陀
>   숲을 마주한 작은 언덕
> (3) 舟尾一小童
>   배 끝의 작은 꼬마

呂叔湘(1942) 이후에도 광의의 有자문을 인정한 많은 학자들은 (1-3)의 구조를 '有'가 생략되어 있는 有자문으로 파악하였다. 이와 같은 견해는 呂叔相(1942), 龙果夫(1957), 范方蓮(1963), 黃自由(1985), 陈建民(1986) 등이 대표적이다.

이와 달리 '有'가 중심 술어 역할을 하는 문장만이 有자문에 속한다고 보는 견해도 존재하는데, 이들은 협의의 有자문만을 인정한다. 협의의 有자문이란 '有'와 그 부정 형식인 '没有'가 중심 술어로 사용되는 문장만을 가리킨다. 협의의 有자문을 주장한 연구로는 张志公(1953), 范晓(1987), 易中正(1992), 张豫峰(1998)이 대표적이다. 이들은 '有些'와 '有点儿'과 같이 이미 어휘화된 '有'를 포함한 단어를 처리하는 방식에 있어서도 광의의 有자문을 주장하였던 詹开第과 다른 의견을 보이는데, '有些'가 들어간 문장 중에는 有자문으로 취급해야 할 것과 취급할 수 없는 것으로 나누어야 한다고 주장한다. 예를 들어 张志公(1953)은 아래의 (4)는 有자문으로 취급하고 있으며, (5)는 有자문으로 취급하지 않는다.

(4) 杯子里有些水。
   컵에 물이 조금 담겨 있다.
(5) 今天有些冷。
   오늘은 조금 춥다.

(4)는 동사 '有'가 목적어 '一些水'와 결합한 것으로 보고, 이 때 '一'가 생략된 것으로 파악한다. 때문에 이 문장은 '有'가 존재를 나타내는 동사로써 목적어 '一些水'를 취한 구조로 파악하여 '동사

+양사+명사' 구조의 有자문으로 간주된다. 이와 달리 (5)에서 '有'
와 '些'는 긴밀하게 연결되어 있어서 하나의 단어가 되어 정도를
표현한다고 파악한다. 때문에 이것은 부사 '很'의 용법과 같으며
동사의 수식어가 된다고 보았고, 이 문장은 有자문에 속하지 않는
다고 간주하였다.

한편, 협의의 有자문의 관점을 가지고 있는 학자들은 앞서 제시
한 (1-3)과 같은 有자문 생략식을 有자문의 범위로 귀속시키지 않
는다. 예를 들어, 杜瑞银(1982)은 (1-3)과 같은 문장을 분석할 때 "定
名谓语句"라고 칭했으며, 宋玉柱(1982)는 "定心谓语存在句"라고 분
석하면서 '有'의 생략식으로 취급하지 않았다.

이상과 같은 有자문의 범위에 대한 선행 연구들을 볼 때, 이 책
에서 중점적으로 논의하고자 하는 문법화 이후 '有+VP' 형식은
광의의 有자문에 속한다. '有+VP' 형식의 발전 과정을 살펴보면,
초기에는 '有'가 동사적 의미인 '소유', '존재'의 의미를 유지하여
문장에서 동사적 지위를 차지하지만, 문법화가 진행됨에 따라 '有'
의 의미가 허화되어 문장에서 중심 동사는 '有'의 빈어인 VP가 담
당하기 때문이다. 따라서 이 때 '有'는 중심 술어의 역할을 하는 협
의의 有자문으로 간주할 수 없다. 즉, 이 책에서는 광의의 有자문
의 관점에서 '有+VP' 형식의 변화 양상들을 살펴볼 것이며, '有'
의 의미가 허화된 有자문에서 '有'의 원의미가 어떻게 작용하고 있
는지 역시 고찰해보고자 한다. 또한 이미 어휘화된 '有的', '有所'
와 같은 단어에서도 '有'의 의미가 어떻게 작용하고 있는지도 광의
의 有자문의 관점에서 살펴볼 것이다.

제4장
'有'의 빈어의 특징

    소유주가 소유 대상을 소유하였다는 의미를 갖는 '有'는 논항으로 소유주와 소유대상을 필요로 한다. 따라서 '有'는 후속 성분으로 소유대상을 나타내는 '빈어'[22]를 취한다.[23] '有'의 빈어는 명사, 동사, 형용사구, 수량사구 등이 올 수 있는데, 이 경우 '有'의 빈어는 명사 또는 명사화된 NP 성분에 해당하며, '有'와 '有' 빈어는 술빈구조를 이룬다. 또한 필자의 고찰에 의하면 '有'의 빈어 위치에 명사적 성분 이외에 동사, 형용사, 수

---

22) 중국어의 '빈어'에 대해 김현철(2003)은 한국어의 '목적어'와는 다른 특징을 가진다고 밝히고 있다. 한국어의 '목적어'가 단지 술어의 대상으로 사용되었다면 중국어의 '빈어'는 판단빈어(判斷宾语)나 존재빈어(存在宾语), 출현빈어(出現宾语), 소실빈어(消失宾语)와 같은 것들이 존재하기 때문에 한국어의 '목적어'와는 구별된다. 또한 '有'의 빈어는 명사적 성분뿐만 아니라 동사, 형용사구, 수량구 등도 가능하다는 점에서 '목적어'의 특징과는 차이를 보인다. 따라서 이 책에서도 '목적어'라는 용어 대신 '빈어'라는 용어를 사용하여 한국어 문법 용어와의 차이에서 나타나는 개념 혼란을 줄이고자 한다.

23) 발화에서 '有'가 단독으로 '有'로 사용되거나, 소유대상이 없이 '我有'와 같이 사용되는 예가 나타나는데, 이것은 '有'의 논항인 소유주 또는 소유대상이 화용적으로 담화 맥락상 생략된 것으로 보아야 한다.

량사 성분이 올 경우에도 이들 성분은 모두 명사화 혹은 사건화가
됨에 따라 '지시(reference)'와 관련된 속성을 가진다.

이러한 '有'의 빈어의 지시적 속성은 '有'의 동사적 의미가 허화
되면서 지시적 기능과 주제화 기능을 할 때, '有'가 지시(reference)
부여의 기능을 담당하는 데 영향을 끼쳤다. 즉, '有'의 문법화 의미
는 '有'의 원의미 이외에도 빈어의 특징의 영향을 받는다고 볼 수
있다. 본 장에서는 '有'의 빈어가 '지시'와 관련된 속성을 가짐으로
인해서 갖는 특징을 살펴봄으로써 有자문의 유형에서 나타나는 '지
시'와 관련된 특징과 후기 문법화에 나타나는 '有'의 용법의 배경
을 고찰해보고자 한다.

1. 특정성(specificity)

1.1. 한정성(definiteness)과 특정성(specificity)

한정성(definiteness) 및 특정성(specificity)은 자연 언어에 나타나는
지시(reference)와 관련된 현상으로, 이와 관련하여 문법화가 현저하
게 진행된 언어들이 논의의 중심에 있어 왔다. 또한 한정성과 특정
성의 개념은 특히 관사 체계로 가장 두드러지게 나타나는데, 한정성
은 정관사의 사용과 관련되어 논의가 시작되었으며[24] 특정성은 부정

---

24) 한정성의 고전적인 정의는 Russell(1905)에 나타나는데, 한정의 의미를 나타내는 정
    관사 'the'는 조건을 만족시키는 유일한 개체가 있다고 해석한다. 따라서 아래 (1a)
    의 직관적인 의미는 (b)로 표상된다고 주장한다.

관사와 관련하여 주로 논의되어 왔다. 이와 관련하여, Christophersen (1939)은 친근성(familiarity)에 근거하여 화용론적 접근으로 한정 기술을 설명하였는데, 'the'가 사용될 때에는 화자가 어떤 개체를 마음에 두고 있는지를 청자도 알고 있는 것으로 가정된다고 주장한다. 즉, 명사구의 지시대상이 담화 영역 안에 이미 존재하거나, 담화상황에서 청자가 쉽게 그 지시대상을 구별해낼 수 있는 친숙한 개체라면 그 명사구는 한정성을 가진다.

한편, Donnellan(1966)는 한정기술 표현은 두 가지 용법이 있다고 지적하며, 한정기술을 지시적 용법(referential use)과 속성적 용법(attributive)으로 구분하였다. 그는 아래와 같은 시나리오를 예시하여 이 두 쓰임을 설명하였다.

> 시나리오 1 : Jones씨가 Smith를 살해한 혐의를 받고 피의자 신분으로 법정에 나서 재판을 받는다. 재판 도중 Jones씨는 비이성적인 행동으로 비난을 받는다. 이를 본 사람들이 다음과 같이 말한다.
>
> A : Smith's murderer is insane.

---

(1) a. The fat philosopher is happy.

   b. translation

   >> $\exists x[\forall y[(fat(y)$ & $philosopher(y)) \rightarrow (x=y)]$ & $happy(x)]$
   해석
   >> 다음을 만족시기는 개체 X가 존재한다: 어떤 개체 y가 뚱뚱하고 그리고 철학자이면 이러한 y는 모두 x와 같은 개체를 가리키며, 그 개체 x는 행복하다.

(1b)와 같은 일차술어 논리의 표상을 살펴보면 주어 명사구가 지시하는 개체가 존재함을 전제로 한다. 즉, 한정성은 지시하는 개체가 존재한다는 전제 하에서 제시된 개념으로, 한정성과 지시의 개념은 불가분의 관계에 있다.

B : Who are you talking about?

A : Jones

Jones가 실제 Smith를 살해하지 않았더라도, A의 첫 발화에서 'Smith's murderer'라는 표현은 Jones씨를 지시한다. 이러한 한정 기술 표현의 쓰임을 Donnellan는 지시적 용법(referential use)이라 하였다.

아래의 또 다른 시나리오를 살펴보자.

> 시나리오2 : Smith씨가 살해되었다. 그를 죽인 방법이 너무 잔인하고 그가 아주 아름답고 사랑받던 사람이었기에 사람들은 아래와 같이 말한다. 그러나 살해범이 누구인지는 아무도 모른다.

Smith's murderer is insane.

이 때, Smith's murderer라는 표현은 그 지시체가 누구인지에 상관없이 그 기술적 의미만이 문제된다. 이러한 한정 기술 표현의 쓰임을 Donnellan는 속성적 용법(attributive)이라 하였다. 이러한 관점에서, '한정성'이란 특정 실체가 존재함을 전제하고, 지시적 표현뿐만 아니라 속성적 용법으로도 사용되며, 청자가 담화상에서 그 지시대상을 구별해 낼 수 있는 개체가 있음을 일컫는다.

한편, '한정성'이 청자가 그 지시 대상의 개체를 인지하고 있는 친숙한 것이기 때문에 연구의 대부분이 정관사의 사용과 관련되어 이루어졌다면, '특정성'은 청자의 인지를 보장할 필요가 없기 때문에 특정성의 연구는 주로 부정관사의 사용과 연결되어 있다.

(1) John talk to a logician about this problem.

John은 이 문제에 관하여 논리학자와 이야기를 한다.

(1)에서 'a logician'은 John이 문제를 이야기한 어떤 특정한 논리학자를 지칭할 수도 있고, 누구인지 분명하지 않지만 논리학자인 불특정 사람을 지칭할 수도 있다. 전자의 'a logician'은 특정적으로, 후자는 불특정적으로 사용된 예이다. 또 다른 예를 살펴보자.

(2) Mary wants to marry a doctor. He is a specialist in brain surgery.

Mary는 의사와 결혼하기를 원한다. 그는 뇌수술에서 전문가이다.

(3) Mary wants to marry a doctor, although she does not have anyone in mind at present.

Mary는 의사와 결혼하기를 원한다. 그럼에도 불구하고 현재 그녀 마음에 드는 사람은 없다.

(2)에서 'a doctor'는 'Mary'가 결혼하고 싶은 意中의 존재가 화자에 의해 전제되어 있으며 이 때의 'a doctor'는 특정적으로 해석된다. 이와 달리, (3)에서는 화자에게 그와 같은 전제가 없으므로 이 때의 'a doctor'는 불특정적으로 해석된다.[25]

---

25) 부정관사에 대한 이러한 특정적, 불특정적 용법의 차이는 Fillmore(1967)에서도 지적되고 있다. 또한 부정관사의 특정성 유무에 따라 이를 다시 받는 대용 표현이 달라진다고 주장한다.

(1) Mary is looking for a man who drives a Porsche.

즉, 어떤 명사구의 지시체로 화자가 마음 속에 어떤 정해진 개체를 가지고 있는 경우에 이러한 명사구를 특정적이라고 판단할 수 있다. 물론, 이 경우 한정성처럼 화자와 청자 사이에 공유하는 어떤 개체의 존재를 보장하지는 않는다. 청자와 관계없이, 단지 화자가 그 개체의 존재를 확연히 지시한다면, 그 표현은 '특정성'을 갖는 것이다. 따라서 한정과 비한정의 분류에서 비한정 부류에 속했던 부정관사구는 이상과 같이 특정과 불특정으로 나눌 수 있다. 때문에 우리는 비한정 명사라도 특정성을 지니는 예를 쉽게 찾아볼 수 있다.

(4) 길에서 선생님 한 분을 만났어.
(5) 집에 오는 길에 책 한 권을 샀어.

(4-5)에서 '선생님 한 분'과 '책 한 권'은 비한정이지만 화자가 특정한 대상을 염두에 두고 있기 때문에 특정적이다.

그렇다면, 한정성을 지닌 명사구에서 특정성은 어떤 관련이 있을

Mary는 포르쉐를 운전하는 남자를 찾고 있다.

(1)에서 'a man'은 어떤 특정한 사람, 즉 'a particular man'을 지칭할 수도 있고, 아니면 'any person whatsoever'일 수도 있다. 이 경우, 대용 표현의 차이는 다음과 같다.

(2) a. Mary is looking is for a particular man who drives a Porsche, and she'll find {him / ?? one}.

b. Mary is looking is for any good old man who drives a Porsche, and she'll find {?? him / one}.

(2)에서처럼 선행사가 특정한 해석을 가질 때는 'him'으로 받고, 이와 반대로 명사구가 불특정한 해석을 가질 때는 부정대명사인 'one'으로 받는다.

까? 특정성은 모든 한정적 명사구의 속성에 포함되어 있다고 볼 수 있다. 왜냐하면 화자와 청자 사이에 공유하는 개체가 존재한다는 것은 화자의 입장에서 지칭하는 개체가 반드시 존재하기 때문이다. 이와 관련하여 앞에서 본 Donnellan의 예문을 다시 살펴보자.

Smith's murderer is insane.

위 예문에서 Smith's murderer는 비한정적 표현이 아니지만, Smith를 살해한 어떤 특정한 인물을 가리키는 기능을 하는 경우인 지시적 용법(referential use)으로 쓰인다면 특정적 해석이 가능하다고 볼 수 있다. 왜냐하면, 한정성에서 지시적 용법은 화자가 마음 속에 어떤 정해진 개체를 가지고 지시한다는 개념이 포함되어 있기 때문이다.

그렇다면, 속성적 용법으로 쓰인 한정적 명사구는 어떻게 파악해야 할까? 이에 대한 연구로, Searle(1979), Bach(1981), Gundel(1993)는 한정 명사구가 속성적으로 사용된 경우에도 '특정성'을 갖는다고 밝히고 있다. '특정성'이란 앞에서 지적한 바와 같이 화자가 마음 속에 그 지시체로 어떤 특정한 개체를 가지고 있는 것으로 파악한다. 따라서 속성적 용법은 화자가 직접적으로 누구인지를 알고 있는가와는 무관하게 그 기술이 실제로 적합한 개체를 지시함을 나타내지만, 이 경우도 화자 마음 속에 어떤 특정한 개체를 가지고 있는 것으로 판단되기 때문에 특정적이라고 본다. 이러한 입장은 친근성 이론의 입장과도 상통한다. 친근성 이론은 한정기술이 사용될 때는 화자가 어떤 개체를 마음에 두고 있는지를 청자가 알고 있다고 가정한다. 이와 같은 가정은 화자와 청자가 모든 한정기술에 대해 특정한 개체를 공유한다고 보기 때문에, 친근성 이론은 한정 명사구의 속성적 용법도 특정적으로 처리하는 이들의 입장을 지지한다.

따라서 화자기 미음 속에 어떤 특정한 개체를 가지고 있을 뿐만 아니라 청자도 그것이 무엇인지를 아는 것을 지칭하는 한정적 표현은 당연히, 화자가 어떤 특정한 개체를 인지하는 것으로 파악되는 특정적 표현이 될 수 있다. 즉, 한정성과 특정성 사이에는 함의 관계가 성립한다고 볼 수 있는데, 모든 한정적 표현은 특정적이지만, 특정적 표현이 한정적 표현이 될 수는 없다. 이러한 관계는 다음과 같이 나타낼 수 있다.

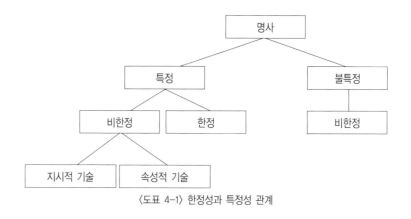

〈도표 4-1〉 한정성과 특정성 관계

이러한 관점에서 화자가 자신이 생각하고 있는 특정의 지시물을 청자도 알고 있으리라고 가정하고 있는 한정성은 청자—지향적인 개념(a hearer-oriented notion)에 속하고, 청자의 앎까지는 가정하지 않는 경우인 특정적 표현은 화자-지향적인 개념(a speaker-oriented notion)에 속한다고 볼 수 있다.

1.2. '有'의 빈어와 특정성(specificity) 관계

앞서 살펴보았듯이 비한정 빈어는 특정성을 가질 수도 있고, 가질 수 없을 수도 있다. 이러한 양분(兩分) 현상은 중국어의 비한정 빈어에서도 나타난다. 예를 들어, 중국어에서 비한정 빈어로 알려져 있는 동빈 복합어는 일반적으로 특정성을 가지지 않는다.

(6) 我不会唱歌。
　　 나는 노래를 부를 줄 모른다.

(6)에서 명사 '歌'는 어떤 특정한 노래의 개체(entity)를 가리키지 않는다. 이와 마찬가지로 비한정성을 지니는 명사-명사 복합어의 첫 번째 명사의 경우에도 특정성을 가지지 않는 것으로 판단된다.

(7) 羊毛裤子 양모 바지　　　风车　　 풍차
　　 雨衣　　 비옷　　　　　狐狸皮 여우 가죽

(7)에서 첫 번째 명사는 어떤 특정 실체를 가리키기보다는 복합어에서 두 번째 명사를 묘사하는 기능을 한다. 따라서 비한정이며 불특정성이란 특징을 갖는다.

또한 중국어에서 지시사나 수식어를 동반하지 않는 비한정적 명사는 대부분 특정성을 가지지 않는 것으로 해석된다.

(8) 那个商人卖水果。
    저 상인은 과일을 판다.
(9) 他们偷自行车。
    그들은 자전거를 훔친다.
(10) 我们种花生。
    우리들은 땅콩을 심는다.

이상과 같은 예문처럼 일반적으로 비한정 명사는 대부분 중국어에서 불특정적 용법으로 사용된다. 그런데 '有'의 빈어의 위치에 오는 명사는 비한정 명사라 할지라도 특정적 용법으로 사용되는데, 여기서는 이와 관련된 논의를 진행하고자 한다.

허성도(2005 : 574)는 '有'가 존재의 의미를 나타낼 경우에 빈어는 비한정의 성격을 갖는다고 밝히고 있다.

(11) 家里有客人。
    집에 손님이 있어요.
(12) 桌子上有中文杂志。
    책상에 중국어 잡지가 있습니다.

(11-12)에서 빈어인 '客人'은 청자가 어떤 손님인지 알 수 없는 손님이고, '中文杂志'도 청자가 알 수 없는 중국어 잡지이다. 따라서 두 빈어는 모두 비한정 명사라고 볼 수 있다. 이와 같이 '有'는

존재의 의미를 나타낼 때 비한정 특성의 빈어를 취하는데, 이는 有 존재문에서 한정 빈어가 올 경우 비문이 된다는 점에서 확인해볼 수 있다.[26)]

    (13) *家里有李小姐。
    (14) *桌子上有那本杂志。

또한 허성도(2005 : 562)는 '有'의 빈어를 수식하는 말이 빈어 뒤에 나오는 경우를 '관계구문'이라고 소개하면서, 이 경우에도 빈어는 비한정의 특징을 갖는다고 밝히고 있다.

    (15) 我有车票给你。
        내가 당신에게 줄 차표를 가지고 있습니다.
    (16) 我有朋友是护士。
        저에게는 간호사인 친구가 있습니다.
    (17) 外边有人找你。
        밖에 당신을 찾는 사람이 있습니다.

(15-17)에 나오는 '有'의 빈어 '车票', '护士', '人'은 모두 청자가 알 수 없는 존재로, 비한정 특성을 갖는다. 만약, 이 문장들에서 한정적 특성을 갖는 명사가 빈어가 되면, 모두 비문이 된다.

---

26) 한정적 빈어가 올 경우, 有 존재문으로 사용되지 않고, 在 존재문으로 사용된다.
   (1) 李小姐在家里。
      이 양은 집에 있습니다.
   (2) 那本杂志在桌子上。
      그 잡지는 책상 위에 있습니다.

(15´) *我有那张车票给你。
(16´) *我有那个朋友是护士。
(17´) *外边有那个人找你。

이와 같이, '有'가 존재의 의미로 사용된 有 존재문과 '有'의 빈어 뒤에 수식어가 나오는 관계구문에서는 빈어의 속성으로 비한정성을 요구한다. 한편, 이와 같이 비한정성 빈어를 갖는 有 존재문과 有 관계구문은 화자의 관점에서 보면 특정 지시하는 개체가 반드시 존재한다는 특징을 갖는다. 즉, 이때 '有'의 빈어는 비한정이지만 특정성을 갖는 것으로 파악할 수 있다. 아래의 예문을 살펴보자.

(18) 家里有客人。
집에 손님이 있어요.
(19) 桌子上有中文杂志。
책상에 중국어 잡지가 있습니다.

(18-19)에서 빈어 '客人', '中文杂志'는 지시체로 화자가 마음 속에 어떤 정해진 개체를 지칭한다. 따라서 비록 청자가 그 개체가 무엇인지 인식하지 못한다는 점에서 비한정의 특성을 갖지만, 화자의 입장에서 마음 속에 어떤 특정한 개체를 가지고 있다는 점은 특정성을 나타낸다고 할 수 있다.

비한정성의 특성을 갖는 '有'의 빈어가 특정성을 가진다는 점은 '有'의 빈어는 모두 특정성을 가진다는 것을 증명한다. 그 이유는 한정성을 가지는 빈어는 한정성과 특정성의 함의 관계에 의해 특정성을 내포할 것이기 때문이다. 따라서 '有'는 빈어의 특징으로 특정성의 성격을 요구한다는 결론을 내릴 수 있다.

이상과 같은 고찰은 다음 제시문에서 비한정 명사구 '一个人'이 문두의 위치에 출현할 수 없었다가 '有'와 결합한 후, 문두의 위치에 올 수 있는 이유를 설명할 수 있다.

(20) a. ?一个人来了。
　　 b. 有一个人来了。
　　　　어떤 한 사람이 왔다.

(20)에서 비한정 명사구 '一个人'은 지칭하는 대상이 명확하지 않다. 따라서 문두의 위치에 출현하여 주제화할 수 없는 것인데 그것이 지칭적 의미를 갖도록 특정성의 의미를 내포하는 통사적 장치 '有'를 부가할 경우 '一个人'은 '有'의 빈어가 되어 특정성의 의미가 생겨난다. 이로 인해 문두의 위치에 주제화시킬 수 있는 것이다. 이와 같이 '有'는 문두에 위치하여 주제화시킬 수 없었던 비한정 수량 명사구를 동사 앞에 출현시킬 수 있다. 이와 관련하여, Tzao (1977 : 198)는 중국어에서 수량명사구는 비한정적이므로 다음 (21)과 같이 총칭적으로 해석되는 경우를 제외하고는 주제화할 수 없다고 밝히고 있다. 즉, 개체화하여 나타내어지는 수량 명사구는 주세로서 사용될 수 없는데, 이 경우 특정성을 지니는 '有'를 부가하여 '有'의 빈어로 기능하게 하면 주제화가 성립됨을 확인해 볼 수 있다.

(21) 一个人(啊)不应该太自私。

　　사람은 너무 이기적으로 굴어서는 안된다.

(22) a. ?一个人很自私。

　　b. 有一个人很自私。

　　　어떤 한 사람은 매우 이기적이다.

　　(21)은 '一个人'이 '사람'의 전체 부류를 나타내는 총칭적 용법으로 사용된 예이다. 일반적으로 총칭을 나타내는 말은 비한정이지만 주제화가 가능하다. 총칭이 비한정임에도 불구하고 주제화가 가능한 이유에 대해서는 이정민(1992)의 '한정성에 육박(approximate)'이라는 용어로 설명이 가능하다. 주제(topic)는 전형적으로 한정 명사구로서 문두에 위치하는데, 명시적으로 한정적이지 않은 명사들이 주제화가 가능하기 위해서는 몇 가지 수단으로 가정된 친숙성을 얻어야 한다. 그 수단에는 총칭성(genericness), 수식에 의해 발화상황에 닻내리기,27) 기타 양상, 조건 및 관계문에 의한 양화적 힘(quantificational force)이 있다. 이정민(1992)은 이러한 표현의 수단으로 NP가 한정성에 육박(approximate)해야 주제가 될 수 있다고 주장한다. 즉, 통사적으로 한정적이지 않은 명사구라도 의미상 한정성에 육박할 때는 화제가 될 수 있다는 것이다. 따라서 일반적으로 총칭의 표현은 비

---

27) 이정민(1992)에 의하면 '수식에 의한 닻 내리기'란 생소한 것에 발화 상황을 도입함으로서 친숙성을 더해주는 것이다. 예를 들어 '선생님 한분은 90이 넘었는데도 정정하시다.'는 어색한 문장이 되지만, '내가 아는 선생님 한분은 90이 넘었는데도 정정하시다.'는 자연스러운 문장이 된다. 이 경우는 청자에게 원래 생소하더라도, 발화 상황에의 닻내리기로 인해 상대방이 그럴 수 있다고 보고 이의나 의문을 제기하지 않으리라는 가정이 화자에게 있을 때 가능하며, 이 과정에는 대화상의 협조 원리(Grice 1967)가 작용한다.

한정이지만 주제가 될 수 있고, 이것은 중국어에서도 적용이 되어 비한정을 나타내는 총칭 표현이 주제의 위치에 자리할 수 있는 것이다. 따라서 비한정이기 때문에 주제화 할 수 없었던 '一个人'이 총칭의 의미를 얻게 되면 한정성에 육박하는 표현이 되기 때문에 주제화 할 수 있다. 그러나 (22a)에서와 같이 '一个人'이 총칭의 의미로 사용되지 않고, 특정 개체를 가리키는 의미로 사용되는 경우에는 문두의 위치에서 주제화시킬 수 없다. 앞서 지적한 바와 같이 '一个人'이 주제가 되기 위해서는 '一个人' 앞에 '有'를 부가하면 되는데, '有'는 명확하지 않은 개체를 지칭하는 수량명사구 '一个人'에 특정성을 부여하는 통사적 장치로 기능할 수 있기 때문이다. 따라서 '一个人' 앞에 '有'를 부가하여 '有一个人'이 되면 총칭적 의미는 사라지고, 특정한 개체 즉 특정한 어떤 사람을 지칭하는 표현으로만 해석된다. 또한 화자가 특정한 대상을 지칭하는 것을 전제하는 특정성은 '한정성에 육박'하는 표현이 됨으로 비한정 수량명사구를 문두의 위치에서 주제화가 가능하게 한다. 이와 같이 '有'가 비한정 명사구 앞에 와서 '어떤'이라는 의미로 해석될 경우, '有'는 인지대상을 특정적이게 만든다. 우리말에서도 '어떤'의 의미 기능은 인지 대상을 특정적이게 하는 경향이 있는데, 때문에 '어떤'이라는 뒤에 나오는 명사는 특정성이 부여된다.

    (23) 모두가 어떤 가수를 좋아했다.

(23)에서 '어떤 가수'는 비한정적이지만 인지된 대상을 가리키므

로 특정적이다. 이에 대해 이정민(1992)은 [어떤+N]은 영향권에 관계없이 특정적이라고 밝히고 있다. 따라서 중국어에서 '어떤'28)의 의미를 나타내는 명사구 앞의 '有'도 역시 뒤에 나오는 명사구를 특정적이게 만드는 장치로서 기능하는 것이다.

이상과 같은 '有'의 특정성으로 인한 주제화 기능의 부가는 [비한정 수량사+명사]의 구를 한정성에 육박한 표현이 되게 함으로 주제화가 가능하게 한다.29)

> (24) a. *几本书我找不到了。
> b. 有几本书我找不到了。
> 몇 권의 책을 나는 찾지 못했다.
> (25) a. *一件事情我要跟你商量商量。
> b. 有一件事情我要跟你商量商量。
> 몇 가지 일에 대해 나는 당신과 상의하고자 합니다.

또한 이러한 '有'의 특정성으로 인한 주제화 기능의 부가는 다음을 통해서도 확인해 볼 수 있다.

> (26) a. 这个人来了。
> 이 사람이 왔다.
> b. 那个人来了。
> 저 사람이 왔다.

---

28) 刘丹青, 段业辉(1989)는 '有的'의 화용적 기능을 논하면서 '有的'는 지시하는 개체가 있고, 화자 일방이 알고 있는 것이라고 지적하였다. ("有的" 表示有指, 是说话人一方已知的)

29) (24-25)는 石毓智(2001)가 제시한 예문을 인용한 것이다.

c. 你的儿子来了。
　　너 아들은 왔다.

(26)에서 제시되고 있는 문장의 주어 '这个人', '那个人', '你的儿子'는 모두 청자가 알고 있거나, 화자가 청자가 알고 있다고 간주하는 명사구이다. 따라서 이러한 단어들은 모두 특정성을 지닌다. 또한 이러한 특정성을 가진 명사구들은 그 자체가 문두의 위치에서 주제화가 가능하다. 따라서 특정성이 없는 문두의 위치에 있는 단어에 특정성을 부여하여 주제화를 가능하게 하는 '有'가 부가될 경우 오히려 비문이 된다.

(26′) a. *有这个人来了。
　　　b. *有那个人来了。
　　　c. *有你的儿子来了。

이러한 점에서 '有'의 빈어는 특정성을 지닌다고 보며, 이는 '有'의 빈어가 한정적으로 사용될 때는 물론이고 비한정적 용법으로 사용되는 존재문과 관계구문 등에서도 확인해 볼 수 있다. 또한 주제화가 불가능하였던 비한정 명사에 '有'를 부가할 경우 주제화가 가능해진다는 점에서도 '有'의 빈어의 특정성을 살펴볼 수 있다.

2. 지칭성

'지칭'이란 명사가 물질적이거나, 개념적인 실체를 지시할 때 갖는 성질로서, '총칭'의 대립적인 개념이다. 중국어에서 지칭성을 갖는 성분은 명사에 국한된 것이 아니라 상황 묘사에 있어서 상황 그 자체를 지시하는 개념으로까지 확장시킬 수 있다. 이러한 '지칭성'은 앞서 화자와 청자의 정보흐름 관계로 구분되었던 '특정성'을 갖는 성분들이 모두 갖는 특징이기도 하다.[30] 왜냐하면 화자가 어떤 특정한 개체를 지시한다는 것은 물질적이거나 개념적 실체를 지시하고 있음을 의미하기 때문이다. 따라서 '지칭성' 역시 '有'의 빈어가 갖는 주요한 특징인데, '지칭성'은 '有'가 들어 있는 구문에서 '有'의 의미와 기능을 설명해준다. 예를 들어, (1)에서 '有'의 유무의 차이는 지칭하는 대상이 있는가의 여부를 결정짓는다.

(1) a. 他病了。
     그는 병이 났다.(아프다.)
   b. 他有病。
     그는 특정한 병이 있다.

단순히 병이 났다는 진술인 (1a)와 달리, (1b)는 병 중에서 어떤 특정한 병을 화자가 지칭하고 있다는 사실을 알려준다. 이와 같은

---

30) 특정성과 한정성의 개념은 발화 이후의 상황 즉, 화용론적 관점인 정보구조면에서 화자와 청자 사이에 공유하는 개체가 있느냐에 따라 구분된 개념이라면, 지칭성은 발화 이전에 발화체의 의미 구조를 재구성하는 화자에게만 적용되는 인지적 관점으로 특지(特指)하는 실체가 없는 '총칭'의 의미에 상대되는 개념이다.

'有'의 지칭화 기능으로 인해 有자문 중에는 有X有Y 유형이 있는데, 여기서 '有'는 뒤에 오는 형용사나 동사 X와 Y를 명사화시킨다. 이때는 구별하여 지칭할 필요가 있는 대상X와 Y가 동시에 존재하여야 하며, 대상이 하나만 존재해서 지칭할 필요가 없는 경우에 '有'는 단순형용사와 바로 결합하지 않는다.

(2) a. 它们有大有小。
그것들은 큰 것도 있고, 작은 것도 있다.
b. *他们有大。
c. *他们有小。

(2a)에서 형용사 '大'와 '小'는 명사화되어 큰 것과 작은 것이라는 의미를 갖는다. 이것 역시 '有'가 빈어로 지칭성을 지닌 빈어를 취하는 특성 때문에 기인한 것으로, 이 구문은 '它们有大的, 有小的.'로 나타낼 수 있다. 다만, 비교 대상이 없어 따로 특정 지칭할 필요가 없는 (2b)와 (2c)에서는 '有'와 형용사 '大', '小'는 단순 결합할 수 없다. 다음은 현대 표준중국어에서 상용되고 있는 有X有Y 유형이다.

A. 동사
有来有往　有吃有喝　有说有笑　有问有答　有征有战　有始有终
有求有应　有闻有象　有屈有伸　有升有落　有居有留　有蹲有坐

B. 형용사
有冷有热，有高有矮，有褒有贬　有大有小　有胖有瘦　有好有坏

有穷有富, 有对有错, 有酸有辣 有甜有苦 有喜有愁 有胖有瘦

이와 같이, '有'의 빈어의 특정성으로 인한 지칭적 용법은 '有的'
와 같은 단어가 생겨나게 되는 바탕이 되기도 하였으며, 그 의미로
'어떤'이라는 특정 대상을 지칭하는 역할을 담당하게 되었다.

(3) 有人 / 有的人 어떤 사람

따라서 본 절에서는 '有'의 빈어의 특정성에서 기인한 지칭적 의
미를 살펴볼 수 있는 또 다른 有자문을 논하고자 한다. '有'의 의미
가 허화되었다고, 판단되었던 다음 구문들에서 '有'는 어떠한 기능
을 담당하고 있는지 '지칭성'이라는 각도에서 살펴보고자 한다.

2.1. '有+VP'에서 나타나는 지칭적 기능

화자가 지시하는 어떤 특정값이 존재한다는 有자문의 특성은 '有
+VP' 형식의 문장과 '有'가 생략된 문장과의 의미 차이를 설명해
준다. '有+VP' 형식은 내적 소유의 유형으로, 동작의 전체 과정이
아닌 초점값으로 두는 특정 구간만을 나타내서 과정의 일부분만
지칭하게 되어, 부분성을 나타낸다.[31]

(1) a. 生活已改善了。
    b. 生活已有改善。

---

31) 자세한 내용은 홍연옥(2009)을 참고할 것.

생활이 이미 개선되었다.

(1a)와 (1b)의 의미 차이는 a는 생활 전반이 모두 개선되었다는 의미를 내포하고, 특정값으로 인해 지칭성을 가지는 '有'가 사용된 b는 생활이 부분적으로만 개선되었다는 의미를 제공한다는 것이다. 이것은 '有'가 갖는 특정값의 존재로 인한 것인데, 이러한 점에 대해서 홍연옥(2009)에서는 '有'가 특정 초점값을 갖게 하여, 경계성32)의 의미를 갖는다고 밝히고 있다. 또한 이러한 경계성의 작용은 문장에서 부분적 해석을 유도할 수 있다. 즉, '有'가 문장에서 '부분성'의 의미를 제공할 수 있는 것은 '有'가 뒤에 나오는 빈어의 의미에서 특정 지시체를 요구하기 때문이다. 따라서 VP는 전체 과정 속에서 초점값으로 갖는 부분만을 특정 지칭할 수 있다. 이러한 점은 문장에서 반드시 부분성을 나타낼 필요가 있다면 '有'를 사용하여 표현한다는 점에서도 확인해 볼 수 있다.

---

32) Langacker(1994 : 9)에서는 '연속성'과 '경계성'의 개념을 설명하고 있다. '연속성'은 특정 초점값이 존재하지 않아 모든 과정을 전체적으로 나타내는 현상이므로 두 값 사이에 공백을 가정하지 않는 것이다. 반면에 '경계성'은 초점으로 두는 어떤 두 값이 존재하여 두 값 사이에 공백이 있기 때문에 한 값에서 뛰어야(Jumping) 다른 값에 도달한다는 것을 의미한다. 이러한 연속성과 경계성은 우리의 언어활동을 통해 주관직으로 개념화된다. 예를 들어 일련의 연속석인 값들로 이루어진 온도나 색채 단어는 각각 그 공간에서 한 점을 지적하는데 이것이 이 단어의 초점값이다. 즉, 우리는 사물의 온도가 연속되어 있음에도 불구하고 'hot, cold, warm, cool' 등으로 경계를 부여하여 초점값을 부여하고, 연속된 색깔 영역의 특정 지역을 초점색으로 해석하여 'red, yellow, blue' 등으로 특정값을 부여한다. 이러한 분석에 따르면 지각 대상은 특정한 초점값에 기반해서 범주화 될 수 있다. 또한 이 초점값으로 인하여 두 값 사이의 공백이 생겨나 경계성을 지닌다.

(2) a. 他的病有好转, 但还没完全治好。

그의 병은 (부분적으로) 호전되었지만, 아직 완전히 치료되

지 않았다.

b. ?他的病好转了, 但还没完全治好。

(3) a. 生活有改善, 但仍有较大的不足。

생활이 (부분적으로) 개선되었지만, 아직도 부족한 면이 있다.

b. ?生活改善了, 但仍有较大的不足。

(4) a. 今年供应农村的自行车有增加, 但仍然不能满足需求。

금년에 농촌에 공급된 자전거는 (부분적으로) 증가하였지만

여전히 수요에는 부족하다.

b. ?今年供应农村的自行车增加了, 但仍然不能满足需要。

(2-4)에서 의미상 동사는 전체를 모두 지칭하는 것이 아니라 부분만을 지칭한다. 이 경우 특정값을 지칭할 수 있는 '有'를 사용하여 표현해야만 한다. 이와 같은 문장에서 '有'는 연속 동작을 분절하여 특정 구간만을 부분 지칭할 경우 사용된다. 이와 같이 '有'가 특정 구간만을 지칭하여 일부분의 의미를 나타낼 수 있는 것은 '有'가 빈어로서 특정성을 가져서 지칭적 의미를 가질 수 있기 때문이다. 따라서 '有+VP'는 부분성의 의미를 나타내기 때문에, 후속문장에 '但是'가 출현하면, '有+VP'가 지칭하는 일부 범위에 VP의 영향력이 한정되고, 그 외의 범위에서는 VP가 부정됨을 나타낸다. 이러한 점은 '有'를 사용하지 않은 'VP了'의 후속문장에 '但是'가 올 경우와 다른 양상을 보인다. 먼저, 'VP了'의 후속문장에 '但是'가 오는 경우를 살펴보자.

(5) 他们搬进了三间一套的楼房，还添置了电视机、录音机，生活条件大大改善了。但是，他们淳朴的家风没有变。

그들은 방 3개짜리 이층집으로 이사하고, TV, 녹음기 등을 설치하면서 생활조건이 크게 개선되었다. 그러나 그들의 순박한 가풍은 변하지 않았다.

(6) 我们今天的医疗条件大大地改善了，很多新的药，抗菌素越来越多，那么原来一些细菌不好治的，我们现在可以杀死了。但是医疗的费用是以非常快的速度在增长。

우리들의 오늘날 의료조건은 크게 개선되었다. 많은 새로운 약과 항생제들이 점점 늘어나고 있어 원래 다루기 힘들었던 세균류들도 오늘날에는 박멸시킬 수 있게 되었다. 그러나 의료비용은 매우 급속도로 증가하고 있다.

(7) 近年来我们的经济发展了，生活条件大大改善了，但是，不可否认，确有少数干部把党的好传统丢掉了。

금년 들어 우리들의 경제는 발전했고 생활조건도 매우 개선되었다. 그러나 소수 간부들이 당의 좋은 전통을 잃어버리고 있다는 사실은 부인할 수 없다.

(8) 车增多，反映各地农村的经济发展水平提高了，基层干部的工作条件改善了，但是，有些干部频繁换车，且档次越来越高，有些贫困地区也不顾实际条。

차의 증가는 농촌 각지의 경제 발전 수준이 높아진 것을 반영한다. 말단 간부들의 업무 조건도 개선되었다. 그러나 몇몇 간부들이 너무 빈번하게 차를 바꾸고 차의 등급도 점점 높아진다. 몇몇 빈곤 지역구도 실제 상황을 고려하지 않고 있다.

(5-8)은 모두 '改善了' 뒤에 '但是'가 나오는 예문이다. 필자는 북경대학 코퍼스에서 '改善了' 뒤에 '但是'가 나오는 예문을 검색하였는데, 그 경우는 매우 소수에 해당하는 예문만이 검색되었고, 또

한 검색된 예문에서도 '但是'는 앞에 나오는 VP의 부분성의 의미
와는 상관없는 다른 화제를 취하는 접속사로 기능하였다. 예를 들
어, (5)에서 '但是'가 이끄는 후속문장은 앞문장의 '생활이 개선되
었다.'는 의미를 부정하지 않고, '가풍'이라는 다른 화제로 전환시
켜 '그럼에도 불구하고, 순박한 가풍은 변하지 않았다.'라는 의미를
나타내고 있다. (6)의 경우도 마찬가지로, '但是'는 앞에 나오는 의
료기술이 개선되었다는 의미를 부정하는 것이 아니라, 후속문장으
로 주제를 '의료비용' 방면으로 전환시키는 역할을 한다. 이와 비
교해서, '有+VP' 형식에서 후속 문장에 '但是'가 나올 경우에는
'但是'는 화제 전환의 기능이 아니라 앞 문장에서 '有+VP'가 부정
되는 범위를 제시한다. 즉, 앞 문장의 '有+VP'는 단지 일부분에서
만 영향을 끼치고 있음을 나타낸다.

(9) 最近人的生活确有改善；但是也有少数人(约占19%) 的收入没有
增加, 实际生活水平有所下降。
최근 사람들의 생활은 확실히 개선되었다. 그러나 소수 사람들
의 수입은 증가하지 않았고, 실제 생활 수준도 조금 떨어졌다.

(10) 粉碎"四人帮"以来, 好书大量出版, 供应情况大有改善。但是书还
是难买。
사인방이 무너진 이후에 좋은 책들이 대량으로 출판되고 공급
상황도 매우 개선되었다. 그러나 책은 여전히 사는 것이 어렵다.

(11) 产业结构不合理状况虽有改善, 但并未得到根本改造。
산업구조의 불합리한 상황이 비록 개선되기는 하였지만 아직
도 근본적인 개선은 얻지 못했다.

(9)에서 '但是'는 앞 문장의 '사람들의 생활이 개선되었다'는 의미에서 '改善'이 특정 지칭 범위에만 부분적으로 적용되고, 그렇지 않은 부분이 있음을 지적하는 역할로 사용된다. (10-11)에서도 '但是'가 이끄는 후속문장은 앞의 '有+VP'의 부분성을 나타내주는 역할을 하고 있다. 즉, (5-8)에서 'VP了'의 후속문장의 '但是'가 화제 전환의 기능을 하였다면, '有+VP' 형식에서 '但是'는 다른 부분에서는 동사의 영향이 부정됨을 나타내는 문장을 이끈다. 이와 같은 이유로 '有+VP' 형식의 후속 문장 중에서 '但是'가 나오는 절은 부사 '还是'가 자주 출현한다. 이러한 점에서 우리는 '有+VP' 형식은 부분성의 의미를 나타낼 때, 'VP了'와 구별해서 사용된다는 점을 살펴볼 수 있다. 한편 이러한 부분성의 특징 때문에 '有+VP'는 'VP了'와 다르게 일부분을 나타내는 '略', '些', '少' 등의 부사와 자주 결합하여 사용된다.[33)]

[略有改善]

(12) 他上台后, 情况略有改善。
   그가 등장한 이후 상황이 조금 개선되었다.

(13) 知识分子的境遇已略有改善。
   지식인들의 경우는 이미 조금 개선되었다.

(14) 他认为如今香港经济逐步走出低谷, 失业情况略有改善。
   그는 지금 홍콩 경제는 조금씩 경제 밑바닥 상황을 벗어나고

---

33) 중국어에서 '조금~하게 되었다.'와 같은 부분성의 의미를 나타낼 때는 '略', '些', '少'와 같은 부사를 사용하게 된다. 단, '略', '些', '少'와 같은 부사를 사용해서 부분의 의미를 나타내고자 할 경우에는 'VP了' 형식을 사용하지 않고, 반드시 '有+VP' 형식을 사용하여 표현한다.

있고, 실업상황도 조금씩 개선되었다고 여긴다.

(15) 中国文学在美国的翻译和出版状况一直不景气。近来这种情况虽略有改善, 但没有根本改善。

중국문학은 미국에서의 번역과 출판 상황이 줄곧 좋지 않았다. 근래 이러한 상황은 비록 조금 개선되었지만, 근본적으로 개선되지는 않았다.

(16) 这情况在几个大城市尤为明显。当然一九七七年后情况略有改善, 但由于体制问题没有解决, 累积的问题仍然不少。

이러한 상황은 몇몇 도시에서 더욱 뚜렷이 나타난다. 물론 1977년 이후로 상황이 조금 개선되었지만 체제문제는 해결되지 않았고, 누적된 문제도 여전히 적지 않다.

(17) 目前实际生活水平不变或略有改善。

현재 실생활 수준은 변하지 않거나 조금 개선되었다.

[稍有改善]

(18) 我们要求对于我方驻在俄国北部人员的待遇稍有改善。

우리는 러시아 북부에 주재하는 우리쪽 직원들에 대한 대우가 조금 개선되기를 원한다.

(19) 视力只要稍有改善就会大不相同。

시력을 조금만 개선하면 매우 큰 차이가 있게 될 것이다.

[有些改善]

(20) 睡眠一直不好, 吃了一年中药,现在睡眠有些改善了。

수면(睡眠)이 줄곧 좋지 못했는데, 일년 동안 한약을 먹었더니 현재 수면이 조금 개선되었다.

(21) 目前单位的组织环境有些改善了。

요즘 회사의 조직 환경이 조금 개선되었다.

한편, '有+VP' 형식은 부분성의 의미를 나타낼 때, '略', '些', '少'와 같은 부사 외에 '大'의 수식도 받을 수 있다. 따라서 '大有改善'과 같은 '大有+VP' 형식도 적지 않게 사용된다. 이 때 '大'는 '大部分'34)의 의미로 '略', '些', '少'와 마찬가지로 화자가 전체 중에서 지칭하는 대상 또는 범주가 존재하여, 전체가 아닌 부분이라는 의미를 갖는다. 즉, '略', '些', '少'가 지칭하는 범위가 작음을 나타냈다면, '大'는 지칭하는 대상의 범위가 큼을 나타낼 뿐이다. 따라서 '大'의 수식을 받는 '有+VP' 형식도 전체가 아닌 부분의 의미를 나타낸다는 점에서는 동일한 것으로 판단된다.

2.2. 有 비교문에서 '這么', '那么'의 기능

≪现代汉语词典≫, ≪现代汉语八百词≫, ≪动词研究≫에서는 '有'가 비교, 도달의 의미를 나타낼 수 있다고 지적하며, 다음의 예문을 제시하였다.

(1) 他有他哥哥那么高了。   (≪现代汉语词典≫)
   그는 그의 형만큼 크다.
(2) 这花开得有碗口那么大。   (≪现代汉语八百词≫)
   이 꽃은 완구(碗口)35)만큼 크다.

---

34) 영어에서 '大部分'의 의미를 갖는 [most+보통명사]는 한정성을 갖기 때문에 비한정 NP만 나타날 수 있는 there 구문에 사용될 수 없다. 즉, 한정성을 갖는다는 것은 한정성과 특정성의 함의 관계에 따라 특정성을 갖는 것이며, 지칭하는 대상이 존재함을 나타낸다. 즉, 영어에서도 'most'는 지칭하는 대상이 존재하는 것으로 간주된다.
35) 화약(火药)을 재어 넣고 쇠나 돌로 만든 둥근 탄환(弹丸)을 넣어 쏘는 화포(火炮)

(3) 这孩子已经有我这么高了。　　（《现代汉语八百词》）

이 아이는 이미 나만큼 키가 크다.

(4) 谁有他认的人那么多?　　（《现代汉语八百词》）

누가 그가 아는 사람만큼 많겠니?

(5) 他们也只有八九岁的孩子那么大。（《动词研究》）

그들도 거우 여덟, 아홉 살 아이쯤 되어 보인다.

이상의 예문에서 필자가 주목한 점은 '有'가 비교, 도달의 의미를 나타낼 때, '这么', '那么'와 같은 성분이 형용사 앞에 존재하고 있다는 점이다. 이와 마찬가지로 张豫峰(1999)은 有 비교문을 구성하는 성분은 5가지로 분류된다고 지적하며, '비교주체+有+비교대상+비교 정도(比较值)³⁶⁾+형용사'로 구성된다고 하였다. 张豫峰(1999)에 의하면 형용사 앞에 비교 정도를 나타내는 '这么', '那么'는 필수 성분이 된다. 또한 刘芬乔(2002)는 有 비교문의 긍정형식에서 '这么', '那么'는 필수적 성분이라고 보고, 이를 생략한 문장은 비문이 된다고 주장하였다.

(6) a. ?我孩子大概有我高。

b. 我孩子大概有我这么高。

나의 아이는 대략 나만큼 컸다.

(7) a. ?她太富有了, 我要是有她富有, 该多好!

b. 她太富有了, 我要是有她那么富有, 该多好!

그녀는 매우 부자다. 내가 만일 그녀만큼 부자였으면 얼마

---

36) 张豫峰(1999)은 有 비교문의 긍정형식에서 '비교 정도(比较值)'는 필수 성분에 해당한다고 지적하였다. '比较值' 성분으로는 '这么', '那么', '这样', '那样'이 올 수 있다.

나 좋을까!

(8) a. ?小王有电影演员漂亮。

　　 b. 　小王有电影演员那么漂亮。

　　　　 小王은 영화배우만큼 예쁘다.

　이상과 같이 张豫峰(1999)과 刘芬乔(2002)는 有 비교문에서 '这么', '那么'가 필수적 성분임을 주장하고 있지만, 어떠한 이유로 有 비교문의 긍정형식에서 '这么', '那么'가 자주 사용되는지에 대한 설명은 하고 있지 않다.

　그렇다면, 有 비교문에서 형용사 앞에 '这么', '那么'와 같은 성분이 자주 오는 이유는 무엇일까? 이것은 有자문의 빈어가 갖는 지칭적 특징에 기인한다. '有'가 비교, 비유의 의미로 사용되었을 때, 상태를 나타내는 단독의 형용사는 상태의 정도에 대해서 모호한 정도를 나타낸다. 이것은 '有'의 빈어가 갖는 속성인 '지칭성'에 위배된다. 때문에 비교문과 같이 상태 빈어를 갖는 경우에는 모호한 정도를 나타내는 형용사를 구체화, 지칭화해 줄 수 있는 성분이 필요하다. 때문에 지시적 역할을 하는 '这么', '那么'와 같은 어휘가 형용사 앞에 자주 사용되는 것으로 판단된다. 그러나 반어문과 의문문과 같이 상태의 정도를 정확히 지칭할 의도가 없을 경우에는 이러한 제약에서 비교적 자유롭다. 때문에 (8)과 같은 긍정 비교문에서는 '这么'와 '那么'의 생략이 불가능하였다면, 부정문과 반어문으로 쓰인 다음의 (8')에서는 '这么'와 '那么'의 생략이 가능하다.

(8´) a. 小王没有电影演员漂亮。

　　　小王은 영화배우만큼 예쁘지 않다.

　　b. 小王哪有电影演员漂亮?

　　　小王이 어디 영화배우만큼 예쁜가요?

　이상과 같이 有 비교문의 긍정문에서는 '这么'와 '那么'와 같은 성분이 필수적이지만, 부정문과 반어문에서는 필수적 성분은 아니라고 주장한 견해로는 孙光锋(2011)이 있다.[37] 孙光锋(2011)은 전형적인 긍정형식의 비교문에서는 '这么'와 '那么'가 사용된다고 지적하며, 긍정 비교문에서 말하는 사람이 표현하고자 하는 것은 한정될 수 있는 구체적인 양이기 때문에 형용사를 구체화 시키는 '这么' 또는 '那么'와 같은 성분을 요구한다고 하였다.[38] 이와 달리 반어문에서 화자는 긍정형식으로 표현할 경우에는 '부정'에 의미 초점이 있고, 부정 형식으로 표현할 경우에는 '긍정'에 의미 초점이 있기 때문에 정도가 얼마나 되는지는 표현하고자 하는 의도와 관련이 없다고 지적하였다.[39] 또한 刘苏乔(2002)는 의문문이나 반어문에서 말하는 사람의 초점은 의문이나 반문의 어기에 있기 때문에 '这么'와 '那么'와 같은 비교값이 자주 생략된다고 지적하였다.[40]

---

37) 孙光锋(2011)이 (1)과 같은 예문은 비전형적인 有 비교문이라고 하였고, (2)와 같이 표현해야 한다고 지적하였다.

　　(1)?小王有小李高。

　　(2) 小王有小李那么高。

38) 在肯定结构中, 说话者想要表达的是一个可定的确定的量。

39) 否定表示程度量的不存在, 不管它是处在什么级别上, 反问句所要表达的是一个肯定的意思, 不论程度如何, 都不影响句义的表达。

40) 在肯定式中, "这么", "那么"一般不省略, 而在否定式、疑问式或反问式中, "这么", "那么"的自由度比较大, 省略或不省略都是可接受性比较强的。因为这时说话人想要强调的

예를 들어, 아래의 예문 (9)에서 문장은 '没有'라는 점을 부각시킬 뿐이지 형용사의 정도가 얼마나 되는지에 대한 의도는 약화되기 때문에 '那么'가 생략될 수 있다.

(9) a. 小王有小李(那么)漂亮吗?

　　　小王이 小李만큼 예쁘겠니?(예쁘지 않다.)

　　b. 小王没有小李(那么)漂亮。

　　　小王은 小李만큼 예쁘지 않다.

　한편, '有'가 '도달'의 의미를 나타내는 경우, 단독 형용사의 지칭성을 부가하기 위해 형용사의 의미 범주를 한정해 줄 수 있는 성분으로 '这么'와 '那么' 대신에, '수량사' 성분이 올 수도 있다. 이때 '有'의 의미는 '도달'의 의미로 해석된다. 다음 예문을 살펴보자.

(10) a. ?这头牛有重。

　　 b. 这头牛有一吨重。

　　　　이 소는 무게가 1톤이다.

(11) a. ?这匹布有长。

　　 b. 这匹布有三十米长。

　　　　이 천은 길이가 30미터 정도 된다.

　(10)과 (11)의 예문에서 우리는 단독의 형용사 '重'과 '长'이 '有'와 결합했을 때는 비문이 되지만, 수량사를 부가하여 지칭의 의미를 부가할 경우 문장이 성립된다는 것을 확인해 볼 수 있다. 즉,

---

是疑问、反问或否定的语气, 从而削弱了具体的比较值(比拟值)的功能。

'有'의 빈어로서 상태의 모호한 정도를 나타내는 형용사가 올 경우에는 '有'의 빈어의 특징인 지칭성과 상충되기 때문에, 상태의 정도를 구체화하여 나타내는 수량사 성분이 오는 것이 자연스럽다.

2.3. 지칭성과 강조 기능

중국의 閩방언과 粵방언 또는 대만어41)를 살펴보면, '有'가 강조의 용법으로 사용되는 예를 많이 볼 수 있다. 때문에 이러한 경우의 '有'의 용법을 부사적 기능으로 분류하는 연구도 증가하고 있다. 필자는 이 용법 역시 '有'의 특정값 소유의 한 예로 볼 수 있으며, '有'가 뒤에 나오는 성분을 특정값으로 취해, 그 사건의 존재를 소유한다고 본다. 다만, 이 때 '有'는 뒤에 취하는 빈어의 특성으로 '특정성'이라는 값을 가지기 때문에 지칭적 특성이 부가되며, 다른 사건이 아닌 바로 그 사건을 지칭한다는 점에서 자연스럽게 '강조'의 기능을 하는 것이라고 판단된다. 이에 해당하는 예문을 살펴보도록 하자.

(1) a. 到昨晚9点钟, 我们已经收到200张飞船发来的图片。
    b. 到昨晚9点钟, 我们已经有收到200张飞船发来的图片。
      지난 밤 9시 경에, 우리들은 이미 우주선에서 보낸 200장의

---

41) 이해우(2001)에 따르면, 대만어는 중국의 7대 방언인 閩방언에 속한다. 현재 대만에서 閩방언을 구사하는 사람은 대만 인구의 73%를 차지한다고 한다. 또한 현재 대만어를 사용하고 있는 사람들은 거의 대부분 지금으로부터 350여 년 전 明末부터 福建의 민남지역인 泉州와 漳州 그리고 일부 广东의 潮州와 汕头에서 이민 온 사람들의 자손이다.

　　　　사진을 받았다.

　(2) a. 当车来的时候, 我在车站等20分钟。

　　　 b. 当车来的时候, 我在车站有等20分钟。

　　　　차가 왔을 때, 나는 20분이나 기다렸었다.

　(1-2)에서 a와 b 예문은 '有'의 존재 여부에서만 차이를 보인다. 따라서 이 두 문장에서의 '有'의 유무에 따른 의미의 차이는 '有'의 기능을 증명해준다. 먼저, '有'가 없는 (1a)와 (2a)는 사실에 대한 객관적 서술을 나타낸다. 이와 달리, (1b)와 (2b)는 '有' 바로 뒤에 나오는 '收到'와 '等'의 존재를 강조하는데, (1b)는 '우주선에서 보낸 사진을 받았다'는 사실이 있었음을 강조하고 있고, (2b)는 '기다렸다'는 사실이 있었음을 강조한다.

　이와 같은 '有'의 강조 기능으로 인해, '有'가 사용된 문장에서 초점은 바로 뒷 성분이 된다.

　(3) 他有说他很熟悉她。

　　　그는 그녀가 익숙하다고 확실히 말했다.

　(4) 我有认为我一星期前就把信寄出去了。

　　　나는 1주일 전에 편지를 부쳤다는 사실을 확신한다.

　(3-4)의 우리말 해석에서 알 수 있듯이, (3)은 '有' 뒤에 있는 '说'의 사실의 존재를 나타내고, (4)는 '认为'의 존재를 강조하면서, '有' 뒤에 놓이는 성분에 대한 자신과 확정의 어조를 나타낸다. 만약 이들 문장에서 '有'를 생략한다면, 문장에서 초점은 '熟悉'와 '把信寄出'에 놓이게 된다. 이와 같은 '有'의 강조 용법은 뒤에 취

하는 성분을 특정값으로 취하는 '有'의 빈어의 지칭적 특징을 보여주는 예라고 할 수 있다. 이상과 같이 소유의 의미를 나타내던 '有'가 강조의 용법으로까지 의미확장 될 수 있었던 것은 '소유'한다는 것은 화자가 지칭하는 대상이 존재함을 전제하고 발화에서 화자가 그 특성 존재를 지칭하고 있기 때문이다. 이와 같이 지칭적 대상이 존재함을 전제하는 소유나 존재를 나타내는 동사가 어떠한 대상을 지정 또는 지칭하는 의미로 확장된 현상은 인류 보편적인 인간의 인지 작용에 의해 기인한 것으로 범언어적으로 나타난다. 이 점에 관해서는 다음 절에서 보다 상세히 논의하고자 한다.

2.4. 소유, 존재 동사와 지칭의 의미적 관계

2.4.1. 존재문과 지정문의 의미적 상관성

언어 유형적 연구에서 보면 존재를 나타내는 어휘에서 지정을 나타내는 계사(Copula)가 형성되는 것으로 고찰된다. 또한 많은 언어에서 존재와 지정의 어휘가 구분되어 있으면서도 의미적 관련성으로 인해 지정문에 의해 존재를 나타내거나, 존재문에 의해 지정의 의미를 나타내는 현상을 살펴볼 수 있다. 이는 지정과 존재의 의미 차이를 형태적으로 구분하면서도 의미적 연관성이 있음을 인지한다는 것을 나타낸다. 또한 지정과 존재의 공통성이 나타나는 이유는 지정과 존재 모두 지칭하는 대상이 존재한다는 것을 전제하기 때문이다. 예를 들어, 한국어의 경우 '이다'가 지정의 의미를 나타내기도 하고 존재의 의미를 나타내기도 한다.[42]

(1) 태평양은 세계에서 가장 큰 바다이다. (지정)

(2) 우리집 앞은 바다이다. (존재)

(1-2)에서 '이다'는 각각 '지정'과 '존재'의 의미를 나타내고 있다.[43] 이와 같이 지정을 나타내는 말이 존재의 의미를 나타내는 예는 중국어에서도 찾을 수 있는데, 계사 '是'가 그 예에 해당한다.

(3) 她是我们班最漂亮的学生。

그녀는 우리 반에서 가장 예쁜 학생이다.

(4) 前边是图书馆。

앞은 도서관이다.

(3)에서 '是'는 지정을 나타내는 계사이지만, (4)에서 '是'는 존재를 나타내기 때문에 (4)와 같은 문장은 是 존재문이라 칭한다. 즉, 중국어에서도 지정과 존재를 나타내는 말은 밀접한 관계를 맺고 있어 같은 단어로 표현된다.

'지정'이란 '지칭하여 확실하게 정한다'의 의미이기 때문에 지칭

---

42) 김기혁(2006)에 따르면, 한국어에서 지정을 나타낼 때는 '이다'를 사용하고, 존재의 의미를 나타낼 때는 주로 '있다'를 사용한다고 한다. 즉, 한국어에는 지정과 존재의 의미를 나타내는 술어가 구분되어 왔지만, 존재의 의미를 나타내는 지정의 문장도 있고, 지정의 의미를 보이는 존재구문도 있다. '남에는 한라산이 있고, 북에는 백두산이다'는 지정 구문에 의해 존재의 의미를 니티낸다. '님에는 한라산이고, 북에는 백두산이 있다.'도 가능하다. 김기혁(2006)은 이와 같은 문장들은 현대 국어에서 매우 자연스러운 문장은 아니지만, 일반적으로 통용되고 있다는 점에서 지정과 존재 구문의 상관성을 보여주는 문장임이 분명하다고 지적하였다.

43) 김기혁(2006)은 존재와 지정의 의미가 한 어휘에 의해 나타나는 대표적인 언어는 인도 유럽어라고 지적하였다. 예를 들어 영어의 'be'동사는 한국어의 '이다'와 마찬가지로 존재와 지정의 의미를 모두 나타낸다.

성과 불가분의 관계에 놓여 있다. 이와 같은 점은 위의 예문에서 계사 '昰'의 용법이 지칭을 나타내는 지시대명사 '昰'에서 기원했다는 점에서도 알 수 있다. 이 점에 대해 王力(1980), Li & Thompson (1977), 石毓智(2001), 양세욱(2006) 등은 계사 '昰'가 고대 중국어에서 지칭을 나타내던 지시대명사 '昰'에서 유래하였다고 밝힌 바 있다. 고대 중국어에서는 문장의 한 성분을 문두로 이동시키고 이동된 성분을 대용어인 지시대명사가 재지시하는 주제화(topicalization)가 널리 사용되고 있다. 이때 '昰'는 주어를 재지시하고, 주어와 '昰'는 공지시 관계에 놓인다.

(5) [王之不王TOP]i 昰i 折枝之类也. (孟子, 梁惠王上)
　　왕께서 왕노릇을 안하는 것, 이것은 가지를 꺾는 종류에 속합
　　니다.

(6) [富与贵TOP]i 昰i 人之所欲也. (论语, 里仁)
　　재산과 권세, 이것은 사람들이 바라는 것이다.

(5-6)에서 '昰'는 주제화를 위해 이동된 성분을 재지시할 때 사용하였다. 양세욱(2006)은 대명사 '昰'의 용법이 계사 '昰'의 용법으로 변화할 수 있게 한 기제로서 문법화의 '재분석'을 지적하였다. '昰'의 통사적 변화를 살펴보면 지시 대명사 '昰'의 대용어 용법의 등장→지시 대명사 '昰'에서 계사 '昰'로의 변화를 유발시킨 통사 환경의 조성→대용어 용법과 계사 용법 사이의 경쟁→계사의 정착'과 같은 네 단계로 구분된다. 이에 대해 양세욱은 '昰'의 통사 변화는 B.C 5세기 무렵에 지시대명사 '昰'의 대용어 용법이 처음으

로 등장하기 시작하여 A.D 5세기 무렵 '是'가 계사로 완전히 정착하기까지는 대략 1,000년에 걸친 통사 변화가 진행되었다고 밝히고 있다. 이후, 계사 '是'의 용법은 지정과 존재의 밀접한 의미 관계로 인하여 존재문으로까지 의미 확장을 이루고 있다. 이와 같이 '是'는 상당한 기간을 거치면서 서서히 '지정'의 의미에서 '존재'의 의미로 변화하게 된 것이다.

앞서 지적한 바와 같이 지시대명사가 계사로 변화하는 '是'의 용법과 같은 현상은 세계의 많은 언어에서 발견된다. 김기혁(2006)은 언어 유형학의 관점에서 Hebrew, Palestinian, Arabic, Wappo, Swahili와 같은 언어들에서도 계사가 지시대명사에서 유래하였다고 하였다. 또한 이러한 언어들을 살펴보면, 지정과 존재의 범주가 밀접한 관계가 있고, 존재를 통하여 소유를 나타내는 현상들이 공통적으로 존재한다. 즉, 많은 언어에서 지정과 존재와 소유의 관계는 하나의 공통적인 의미 범주를 형성하고 있다고 볼 수 있다. 또한 지정과 존재 및 소유의 의미 확장 양상을 살펴보면, 지정과 존재의 어휘는 지정에서 존재의 의미로 분화될 수도 있지만, 존재의 의미에서 지정의 의미로 분화되기도 한다.

이러한 관점에서 보면, '有'가 소유의 한 유형인 존재의 의미와 지칭적 의미를 공유하고 있는 것은 '有'의 특수 용법이 아니라 언어에 존재하는 인간의 공통적 인지 양상을 반영한 결과라고 볼 수 있으며, 범언어적으로 나타나는 언어 공통적 현상의 일부라고 볼 수 있다. 다만 중국어에서 '是'의 용법이 '지칭'의 용법에서 '존재'의 의미로 발전하게 된 경우라면, '有'는 존재의 의미에서 '지칭'의 의미로 확장하는 경향을 보인다. '有'는 소유의 확장 의미로 내적 소유의 유형인 '존재'의 의미를 갖는데, 이후 '존재'와 '지정'의 의미적 연관성으로 인하여 지칭적 용법도 갖게 된다. 따라서 '有的'와 같은 어휘가 지칭적 용법으로 사용될 수 있게 된 것이다. 아래의 예문에서 '有的'는 뒤에 나오는 성분들의 특징을 각각 강조하여 지칭하는 기능을 하며, '有' 뒤의 '的'은 생략하기도 한다.

> (7) 有(的)人爱京剧, 有(的)人爱话剧。
> 어떤 사람은 경극을 좋아하고, 어떤 사람은 연극을 좋아한다.
> (8) 有的地方雨大, 有的地方雨小。
> 어떤 곳은 비가 많이 오고, 어떤 곳을 비가 적게 온다.
> (9) 他们有(的)时候上午有课, 有(的)时候上下午都有课。
> 그들은 오전에 수업이 있을 때도 있고, 오전 오후 모두 수업이 있을 때도 있다.

2.4.2. '有'의 용법과 '是'의 용법 비교

앞서 우리는 지시대명사의 용법인 지칭의 의미에서 존재의 의미로 확장하는 '是'의 용법과 존재의 의미에서 지칭의 의미로 확장된 '有'의 용법을 살펴보았었다. 그렇다면 '有'와 '是'의 용법에는 어떠한 공통점과 차이점이 존재할까?

지정과 존재의 밀접한 영향으로 인해서 '是'의 용법과 '有'의 용법을 살펴보면, 공통적인 용법을 많이 공유하고 있다. 먼저, '是'와 '有' 모두 '존재'의 의미를 나타낸다. 또한 '是' 존재문도 역시 有 존재문과 마찬가지로 주어의 위치에 처소가 온다. 다음은 존재를 나타내는 '是'의 용법이다.

> (1) 后边是工厂。
>   뒤쪽은 공장이다.
> (2) 前边是海。
>   앞은 바다이다.
> (3) 东边是图书馆。
>   동쪽은 도서관이다.

(1-3)에서 존재를 나타내는 '是'는 존재를 나타내는 '有'와 호환할 수 있다. 단, 이 때 화자가 인지하는 공간의 크기는 차이가 있다.

> (4) 后边有工厂。
>   뒤쪽은 공장이다.
> (5) 前边有海。
>   앞은 바다이다.
> (6) 东边有图书馆。
>   동쪽은 도서관이다.

원의미가 소유의 의미에서 확장된 존재의 의미를 가진 A有B 형식의 有 존재문은 내적 소유의 유형을 지닌다. 때문에 B가 차지하는 공간은 A의 공간에 내포되기 때문에 A라는 공간의 일부에 B가 존재함을 나타낸다. 그러므로 A에는 B 이외의 다른 사물이 존재할 수도 있다. 따라서 A는 B보다 큰 공간이 된다. 이와 달리, '是'의 용법은 원의미가 지시대명사의 '지칭'의 의미에서 확장된 것이기 때문에 'A는 B이다.'의 의미를 갖는다. 때문에 화자가 인식하는 공간과 대상이 존재하는 공간의 범위가 일치하는 경우에 사용되는 경향이 있다. 즉, (3)과 (6)의 의미 차이는 (3)의 경우는 동쪽 공간에는 도서관만 있고, 다른 건물은 없는 경우에 사용되는 것이고, (6)은 동쪽 공간에 도서관 이외의 다른 건물이 있을 수도 있는 경우에 사용된다는 점이다. 똑같이 치소를 니타내는 단어를 주어로 하는 존재문이지만, 화자가 인지하는 공간 범위에 있어서 차이를 나타내는 이유는 존재의 의미로 확장하기 전의 '是'와 '有'의 원의미가 달랐기 때문으로 판단된다. 지시대명사에서 존재의 의미로 확장한 '是'는 지정의 의미의 성질이 강해 장소와 사물의 일치를 나타내게 되는 것이고, 소유를 원의미로 갖는 '有'는 장소라는 공간이 사물을 소유하고 있는 의미로 파악되기 때문에 내포의 의미로 파악되는 것이다.

둘째로, '是'는 '有'와 같이 '소유'를 나타내는 용법이 존재하는데, 이 경우 명사만 주어가 될 수 있고, 생략도 가능하다.

(7) 这张桌子是三条腿。
이 테이블은 다리가 세 개이다.
(8) 我们是一个儿子, 一个女儿。
우리는 아들 하나, 딸 하나가 있다.
(9) 老王是一只胳膊。
老王은 팔이 하나 뿐이다.

(7-9)는 존재를 나타내던 '是'의 용법이 소유의 용법으로 사용된 것으로, 소유와 존재가 하나의 공통적인 의미 범주를 형성하고 있

기 때문에 가능한 것이다.

셋째로, '是' 용법과 '有' 용법 모두 이미 실현된 상황을 긍정하는 용법을 가지고 있다. 이 책의 1장에서 이미 지적한 바와 같이 최근 표준중국어에서 사용이 증가하고 있는 有+VP$_2$의 용법에서 '有'는 강조의 표지로서 사용된다. '有'의 강조의 표지는 이미 발생한 사건에 있어서 그 사건의 실현성을 강조하는 역할을 한다. 예를 들어, 아래 예문 (10)에서 '有'는 뒤에 나오는 사건이 있었음을 강조하는 역할을 한다.

(10) 我有等了你!
　　　나는 너를 기다렸었어!

(10)에서 '有'는 '等了你'라는 사건이 이미 실현되었음을 강조하고 있다. 또한 이 경우 '有'는 '是'로 호환가능하다. 이러한 강조 용법 역시 지칭, 존재, 소유의 의미 범주의 밀접성을 나타내는 것으로 소유, 존재의 의미가 지칭과 관련된 의미로 확장할 수 있음을 보여준다. 따라서 원의미에 지칭의 의미를 가지고 있었던 '是'가 강조의 용법으로 사용되는 것은 자연스러운 현상이다.

(11) 他是用凉水洗脸。
　　　그는 찬물로 얼굴을 씻었다.
(12) 我是昨天买的票。
　　　나는 어제 표를 샀다.

(11-12)에서 '是'는 '有'의 강조표지와 마찬가지로, 이미 실현된 사건에 대해서 그 사건이 발생하였음을 긍정하는 강조 표지로 사용되고 있다. 이와 같이 지칭적 의미에서 유래한 '是'의 강조 용법은 '有'의 강조 용법보다는 강한 어감을 준다. 때문에 '的确', '实在'와 같은 의미를 갖는다.

(13) 昨天是冷, 一点也不假。
    어제는 정말 추웠어. 전혀 거짓이 아니야.
(14) 没错儿, 他是走了。
    틀림없어! 그는 떠났어.

이상과 같은 '是'의 용법과 '有'의 용법의 공통점과 차이점은 독자적으로 우연히 생겨난 것이 아니다. '是'의 용법과 '有'의 용법이 갖는 공통점은 지칭과 존재, 소유의 밀접한 의미 관계에 따라 범언어적으로 나타나는 의미 확장 현상이며, '是'의 용법과 '有'의 용법의 차이점은 서로 다른 원의미에서 파생되었기 때문에 발생한 필연적 결과로 볼 수 있다.

3. 정태성

'有'는 동작 과정이 아닌 동작이 일어난 이후의 결과 상태를 의미로 삼는 동사이다. 때문에 '有'는 정태성이 강한 동사로 분류된다. ≪马氏文通≫에서는 '有'를 '同动字'라 밝히면서 동사와 유사한

성격을 가지나 움직임을 나타내지 않는다고 밝히고 있다.44) 또한
高耀墀(1957)도 '有'는 '동작을 표시하지 않는 동사'로 설명하고 있
다.45) 李临定(1990)은 '有'는 존재관계를 표현하는 '관계동사(关系动
词)'로 밝히고 있으며, 詹开第(1980)는 존재뿐만 아니라 관계를 표현
하는 동사라 밝히고 있다. 龚千炎(1995)은 정태 동사를 정태 정도가
강한 것에서부터 약한 것의 순서로 배열한 바 있는데, 이 때 '有'는
정태성이 강한 '관계동사'로 분류되어 있다. '관계동사'는 주로 판
단, 지칭, 비교, 속성 등의 각종 관계를 나타내며 순수하게 정태성
만 나타내는 동사이다. 이 외에도 范晓는 '有'를 '존현동사(存现动
词)'로 분류하였으며, 陈光磊는 '존유동사(存有动词)'로 분류하였다.
이와 같이 각각 그 표현법이 조금씩은 다르지만, 기존의 연구에서
모두 인정하고 있는 부분은 '有'가 동작 행위를 나타내지 않는 동
사라는 점이다. 즉, '有'는 동사이기는 하지만, 동작을 나타내지 않
고 그 자체가 정태성을 보유하고 있는데, 이것은 '有'의 빈어가 동
작의 과정이 있는 동사빈어가 올 경우에도 과정의 결과값만을 지
칭하여 나타내는 원인이 되기도 하였다. 따라서 '有'의 빈어는 어
떠한 성분이 올지라도 정태적으로 해석되며, 동작 과정이 있는 빈
어일 경우에는 사건(event)화 되어 정태적 성질을 유지시킨다고 볼
수 있다.

沈家煊(1995)46)에 따르면, 동작의 주요 특징은 시간성을 점유한다

---

44) 有字'同乎动字'是不记行而惟言不动之境"的同动字。
45) 有是个并不表示动作的动词。
46) 沈家煊(1995)이 제시한 '有界'와 '无界'의 개념은 한정, 비한정으로 번역될 수 있다.
　　단, 이 때 '한정(有界)'과 '비한정(无界)' 동사의 개념은 동작의 시간축 상에서 기점

는 것이다. 이러한 '시간성'을 기준으로 동작은 '한정(有界)'과 '비한정(无界)'으로 나눌 수 있다. '한정적' 동작은 시간축 상에서 시작점 또는 종점을 가지고, 비한정적인 동작은 시작점과 종점을 갖지 않는다. 또한 '한정적(有界)' 동작을 가리켜 '사건'이라고 칭하고, '비한정(无界)' 동작은 '활동'이라 칭하기도 한다. 일반적으로 동사가 '한정(有界)'와 '비한정(无界)'로 구분되는 것은 동사 본연의 성질이라기보다는 문맥 속에서 정해지는 경향이 있다. 예를 들어, 문장에서 '已经'이나 상표지 '了'가 출현한다면, 그 동사는 '한정(有界)'적 동사의 성질을 갖게 된다. 그런데 有자문에서 '有'와 결합하는 동사는 시간부사 '已经'이나 상표지 '了'가 없이도 '한정(有界)'적 동사의 의미를 나타낸다. 때문에 동작동사라 할지라도 '有'와 결합한 VP는 '한정적 동사(有界动词)'로 전환된다. '有'는 동사 빈어를 취할 때 VP는 동작 과정의 결과값만을 나타낸다는 특징으로 인해 동사의 동작이 사건화되기 때문에 정태성이 부여된다. 즉, '有'와 결합한 동사는 동작의 과정은 나타나지 않고 동작 그 자체인 한 덩어리의 사건으로 인식된다. 다음의 예를 살펴보자.

> (1) 这件事, 你应该对党内群众有个交代。 [정태성]
> (2) 这件事, 你应该对党内群众作个交代。 [동작성]
>   이 일은 네가 반드시 당내 사람들에게 설명해야만 한다.

(1)에서 동작동사(交代)는 '有'와의 결합과정을 통해 동작의 활성

또는 종점이 있다는 의미로, 이 책에서 사용하고 있는 정보구조 측면에서의 '한정성'의 개념과는 차이가 있다.

도가 떨어지게 되고 그 결과, 동작의 과정보다는 동작의 상태를 나타내게 된다. 이같이 '有'의 정태적 성격으로 인하여 동작 과정을 나타내었던 동작동사는 '有'와 결합한 후, 사건화가 되고 정태성이 부여된다. 이와 달리, 또 다른 형식동사 '作'가 쓰인 (2)에서는 동작동사의 동작성은 그대로 유지된다. 즉, (1-2)에서 '有'와 '作'의 차이점은 전자는 동작이 하나의 완성된 사건이라는 점에 초점이 있고, 후자는 주어가 자발적 의지로 행하는 동작자체에 초점이 있다는 것이다. 이와 같이 '有'와 결합한 동사는 동사의 내부적 과정을 나타내지 않는 전체로서의 사건이라 할 수 있다.

또한 詹开第(1981 : 30)는 일부 '有+빈어' 형식은 형용사와 같은 성격을 나타내기 때문에, 정도부사 '很'과 '略'의 수식을 받을 수 있다고 하였다. 이점 역시 '有'가 '有'와 유사한 기능을 하는 것으로 판단되는 다른 형식동사와 구별되는 차이점 중 하나이다.

(3) a. *她对中国古代建筑很<u>进行</u>研究。
  b. *她对中国古代建筑很<u>作</u>研究。
  c. *她对中国古代建筑很<u>加以</u>研究。
  d. *她对中国古代建筑很<u>给以(给予)</u>研究。
  e. 她对中国古代建筑很<u>有</u>研究。
    그녀는 중국 고대 건축에 조예가 깊다.

(4) a. *品牌的市场占有率略<u>进行</u>下降。
  b. *品牌的市场占有率略<u>作</u>下降。
  c. *品牌的市场占有率略<u>加以</u>下降。
  d. *品牌的市场占有率略<u>给以(给予)</u>下降。

    e. 品牌的市场占有率略<u>有</u>下降。
        브랜드의 시장 점유율이 약간 떨어졌다.

  이와 같이 '有'가 다른 형식동사들과 달리 정도부사 '很'의 수식을 받을 수 있는 이유는 앞서 지적한 '有'의 정태성에서 기인한다. '有'는 정태성으로 인하여, 빈어로 취하는 동사의 동작과정을 제거하고, 사건화시킨다. 즉, 형식동사 '有'를 사용하게 되면, 동작동사라 할지라도, 그 동작 과정의 의미를 강조하는 것이 아니라, 변화된 상태를 강조하게 된다. 따라서 '有'가 동사 빈어를 취할 때, '有'와 결합하는 동사들은 동작성을 잃은 채 형용사와 유사한 기능을 한다. 이로 인하여 형식동사 '有'가 쓰인 문장은 부사 '略'나 '很'과 같은 정도부사의 수식을 받을 수 있다.

  그렇다면, 어떠한 과정을 거쳐 '有'와 결합한 동작동사는 동작성을 잃어버리고, 정태성의 의미를 갖게 되는 것일까? 동사는 두 개의 물체 thing1과 thing2 사이에 상호 연관성(relation)을 나타내는 의미구조이다. 이 의미구조는 일련의 관계로 나타나는데, 이를 '과정(process)'이라고 한다. 또한 이 과정은 반드시 시간 개념에 의해 나타내어진다. 그러므로 시간이 지나감에 따라 동사의 순간순간의 이미지는 조금씩 달라진다. 그런데, '有'는 빈어의 특징으로 지칭성을 요구하기 때문에 동사와 결합할 경우, 달라지는 동사의 여러 이미지 중 마지막 장면을 특정 지칭하게 된다. 이는 Langacker(1987)에 따르면, 'process'와 'stative participle'의 의미차이에 대응한다고 볼 수 있다. 다음을 보자.

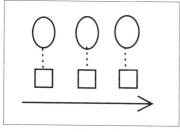 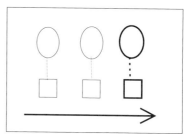

a. 〈process〉　　　　　　　b. 〈stative participle〉

〈도표 4-2〉 'process'와 'stative participle'의 영상도식

Langacker(1987)는 a의 도식은 일반 동작동사의 의미구조를 보여주고, b의 도식은 분사나 부정사가 이에 속한다고 제시하고 있다. 이와 마찬가지로, '有'와 결합하는 동사는 '有'와 결합하기 전에 그 자체의 동작동사의 성질을 지니기 때문에, a와 같이 동작 과정의 의미를 지니지만, '有'와 결합한 이후에는 b와 같은 의미를 나타낸다. 이는 앞에 '有'가 부가됨에 따라 동사가 지닌 실질적인 흐름이 제거되고, 특정 구간인 마지막 결과값만을 지칭하기 때문이다. 이러한 점은 '有'가 왜 정태성을 갖는지를 설명해준다. 비록 동작동사가 올지라도 '有'는 그 동작 동사가 지닌 '과정'의 흐름을 제거하고, 단지 그 과정에서의 마지막 부분, 즉 결과값만을 특정 지시한다. 이로 인해, '과정'의 의미는 사라지게 되고, 단지 결과 상태만을 소유한다는 의미를 나타내게 되어 정태적 의미를 나타내는 것이다.

4. 변화성

'정태성'은 형용사가 가지는 의미 속성인 '상태성'과는 다르다. '有' 동사로 표현되는 사건의 '정태성'과 형용사로 표현되는 '상태성'은 모두 시간의 흐름에 따른 상태의 변화가 정적인 것이라는 점에서는 같지만 변화의 속성이 존재하는가의 여부는 차이를 보인다. 형용사에 의해 나타나는 '상태성'은 시작점과 끝점이 없어 모습의 변화가 없는 반면에, '有'로 인한 정태성은 동작의 완료점을 시작점으로 하고, 동작의 완료의 지속이 사라지는 시점을 끝점으로 하는 시간 범위 안에서 인식되는 모습으로 시작점과 끝점에서 모습의 변화가 일어난다.47) 이러한 이유로 '有'는 빈어의 종류에 따라 동작 과정이 존재하는 동사적 의미가 나타나기도 하고, 상표지 '了₁'과 결합 가능한 경우도 존재한다.

4.1. 빈어의 변화성과 상표지 '了₁'과의 관계

《现代汉语八百词》에서 '有'는 상표지 '了₁'을 취할 수 있다고 밝히고 있다. 이러한 점은 정태적 성질이 강한 정태동사로 분류되는 '有'가 가지는 특이한 특징 중의 하나이다. '有' 이외에 '是',

---

47) 동사 '有'가 다른 동사와 결합했을 경우에 보이는 이와 같은 정태성의 양상은 '완료상'의 개념과 일치한다. '완료'의 정태적 속성은 이미 선행연구에서 지적된 바 있는데, 동작의 완료점을 시작점으로 하고 동작의 완료의 지속이 사라지는 시점을 끝점으로 하는 시간 범위 안에서 인식되는 모습으로, 시작점과 끝점에서 모습의 변화가 일어난다는 특징을 갖는다. 자세한 내용은 이재성(2001)을 참고할 것.

'姓', '在', '等于', '像'과 같이 정태적 성질이 강하여 정태동사나 관계동사로 분류되는 동사는 모두 '了₁'를 취할 수 없기 때문이다.[48] 그러나 ≪现代汉语八百词≫에서의 지적처럼 '有'가 모든 경우에 '了₁'을 취할 수 있는 것은 아니다. 필자의 고찰에 의하면, 결과 상태의 유지라는 정태적 특징을 가지는 '有'는 다른 정태동사와 관계동사와 마찬가지로 상표지 '了₁'과의 결합에 있어서 제약이 존재한다. 石毓智(2000 : 20-23)는 동사와 '了₁'과의 결합 여부는 그 동사의 '실현 과정'이 있는지에 따라 결정된다고 하였다. 따라서 상표지 '了₁'은 동작 과정이 있는 동작동사와 결합하고, 그 외의 정태성이 강한 동사와는 결합하지 않는 것이다. 따라서 정태성이 강한 '有' 역시 상표지 '了₁'과의 결합에서 제약을 보이는데, 다음은 '有'의 의미 분화에 따른 각각의 쓰임에서 대부분 '有'가 상표지 '了₁'과의 결합에 제한을 보인다는 점을 보여준다.

(1) 소유 *我有了玩具。
　　존재 *教室里有了三个学生。
　　비교 *我的眼睛有了她的那么圆。
　　도달 *我的弟弟已经有了一米六高。

그러나 빈어의 특징에 따라서 '有'가 상표지 '了₁'과 결합하는 다음과 같은 예들도 볼 수 있는데, 이 경우 정태성이 강한 '有'가 어

---

48) '了₁'과 결합할 수 없는 동사는 정태적 성격이 강한 동사이다.
　该, 应该, 会, 可以, 愿意, 情愿, 能, 能够, 将要, 打算, 敢, 敢于, 给以, 加以, 予以, 觉得, 懒得, 显得, 值得, 难免, 期望, 希望, 禁止, 省得

떠한 이유로 동작의 실현 과정이 전제되어야 하는 상표지 '了₁'과
의 결합을 허용하는지 살펴보자.

> (2) a. 我有了男朋友。
>> 나는 남자 친구가 생겼다.
> b. 我有了孩子。
>> 나는 아기가 생겼다.
> c. 牙齿上有了洞。
>> 이빨에 구멍이 났다.
> d. 因为没有期望, 所以不会失望, 甚至有了希望。
>> 기대가 없기 때문에 실망하지 않는다. 심지어 희망이 있다.
> e. 中国住房条件已经有了很大改善。
>> 중국의 주거 조건은 이미 크게 개선되었다.
> f. 王福的老婆这几天正好有了病。
>> 王福의 부인은 마침 며칠 전에 병이 났다.

  (2)에서와 같이 '有'가 상표지 '了₁'과 결합이 가능할 때, '有'의
빈어는 공통적 특징을 가지고 있다. 위 예문에서 '有'와 결합하는
빈어 '男朋友', '孩子', '洞', '希望', '改善', '病'은 기존에 이미 생
성 완료되어 있었던 것이 아니라, 새롭게 생성되어 출현한 것들이
다. 예를 들어, a에서 '男朋友'는 기존에 존재해 있던 것을 소유하
는 것이 아니라, 새롭게 생성, 출현한 관계를 뜻하며, b에서 '孩子'
역시 기존에 존재해 있던 것이 아니라 새롭게 생성, 출현한 존재이
다. 이와 마찬가지로, c-f에서 나타나는 빈어 '洞', '希望', '改善',
'病'은 동작이 일어난 다음에 비로소 생겨나는 개체 혹은 상태의

의미를 가지고 있다. 이러한 빈어는 언어학적으로 '결과 목적어 (object of result)'로 분류된다. 또한 이들은 '有'의 일반적 빈어에 속하는 (1)의 '玩具', '三个学生' 등의 빈어와는 다른 성질을 보인다. (1)에서 '玩具', '三个学生'은 동사가 가리키는 동작이 있기 전에 이미 존재해 있는 사물, 사람을 지칭하며, 이와 같은 빈어는 '영향의 목적어(object of affect)'로 구분될 수 있다. 단지 동사의 영향만을 받는 '영향의 목적어'와의 결합 구문에서는 기존에 존재되어 있던 존재물이 '有'와 외적, 내적 소유의 관계를 맺는다. 즉, (1)에서 '有'는 생성의 의미를 제공하지 않는다. 그러나 (2)에서 '有'는 빈어가 창조물이라는 특징을 갖기 때문에 결과 상태 유지의 의미 이외에 빈어를 생성, 창조하는 동작의 의미를 내포한다. 이러한 이유로, 정태성이 강한 '有'도 창조물 빈어가 나올 경우에는 의미상 생성, 창조 동작을 내포하여, 동작의 실현 과정을 내포해야 하는 상표지 '了₁' 과의 결합 조건을 충족시키고 있는 것이다. 따라서 이들 빈어와 결합할 경우, '有'는 상표지 '了₁'과 비교적 자유롭게 결합할 수 있다.

이러한 점은 '有'가 동사 빈어를 취할 때 상표지 '了₁'과의 결합을 비교적 자유롭게 허용한다는 점에서도 드러난다.

    (3) a. 他对山东方言有了调查。
          그는 산동 방언을 조사했다.
      b. 她对中国古代建筑有了研究。
          그녀는 중국 고대 건축물에 대해서 연구를 했다.

(3)과 같이 '有'는 명사화될 수 있는 2음절 동작 동사인 '명동사

(名动词)'로 구분되는 동사들과 결합할 수 있는데, 이 때 동작동사가 가리키는 것은 동작 과정이 아니라 그 동작이 이미 이루어진 구체적 결과로 간주된다. 예를 들어, (3)에서 '调查'와 '研究'가 가리키는 것은 동작이 발생한 이후의 결과물이다. 즉, '有'와 결합한 동작동사는 (3) 예문의 빈어와 같은 성질의 '결과 목적어(object of result)'로 구분될 수 있다. 따라서 창조물 빈어에 해당하는 동작동사와의 결합에서 '有'는 의미상 생성, 창조 동작을 내포하여, 상표지 '了₁'과의 결합을 허용하는 것이다.

이상과 같이, '有'는 상표지 '了₁'과의 결합에 있어서, 제약이 존재하여 '영향의 목적어'로 분류되는 사물 빈어를 취할 경우, 결합이 선호되지 않지만, 생성과 출현의 존재인 '결과 목적어'를 취할 경우에는 그 제약에서 자유롭다. 따라서 [+변화]의 의미자질을 갖는 빈어를 취할 경우에는 상표지 '了₁'과 결합할 수 있다.

4.2. '有'의 빈어가 변화성에 미치는 영향

특정성과 불특정성은 명사의 의미 속성뿐만 아니라 시제의 차이와도 밀접하게 관련되어 있다.

    (1) a. Sarah bought the cookie.
        Sarah는 과자를 샀다.
      b. Sarah buy the cookie.
        Sarah는 과자를 산다.

과거 시제로 쓰인 (1a)는 어떤 특정한 종류의 과자를 샀다는 의미로, 과거 시제의 빈어로 쓰인 'the cookie'는 특정성의 성질만을 갖는다. 이와 달리, 현재 시제로 쓰인 (1b)에서 'the cookie'는 늘 어떤 특정한 종류의 과자만을 산다는 특정적 해석과 Sarah는 늘 과자를 아무 것이라도 산다는 불특정 해석 두 가지가 모두 가능하다. 과거 시제란 실제 시구간에서 언젠가 일어났던 일, 즉 이미 실현된 일을 나타내며 이에 대해 아무런 반복적인 의미가 추가되지 않으면 단발성의 사건이 되는 경우가 대부분이므로 특정적 해석을 갖게 된다.

이러한 점은 有자문의 빈어가 왜 항상 특정성을 갖는지를 설명해준다. 다음을 살펴보자.

(2) 我有饼干。
    a. 나는 과자를 가지고 있다.
    b. ?나는 과자를 가진다.
(3) 我有一本书。
    a. 나는 책 한권을 가지고 있다.
    b. ?나는 책 한권을 가진다.

(2-3)에서 '有'는 '소유'의 동작 자체를 지시하지 않고, 소유가 된 이후의 상태를 나타낸다. 따라서 우리말로 옮길 경우, 동사의 동작의 의미인 '가진다'가 아닌, 동작 이후의 상태 유지를 나타내는 '~가지고 있다'로 해석된다. 즉, '有'는 어떠한 상황이 이미 발생하고, 그 이후의 상태 유지의 의미를 내포하는데, 이러한 점은 有자문이

이전의 상황의 발생을 전제로 하는 과거 시제 해석을 유도하게 한다. 더불어 항상 과거 발생 사건의 존재를 나타내는 有자문의 특성은 빈어가 항상 특정성을 지니게 되는 이유이기도 하다. 이러한 점은 '有'가 동사 빈어를 취할 때도 역시 빈어로 취하는 동사의 동작 발생을 전제로 하고, '有'는 VP 빈어의 결과를 나티낸다는 점에서도 살펴볼 수 있다.

(4) 他对山东方言有了一点调查。 [+결과]
그는 산동 방언을 조사했다.

(4)에서 '调查' 동사 자체는 [+결과]의 의미자질을 소유하고 있지 않다. 그러나 문장에서 '有'와 결합하면서 [+결과]의 의미자질을 나타낸다. 즉, 형식동사 '有'를 사용한 (4)와 같은 문장은 '调查' 한 행위가 종결되지 않은 상황에서는 사용할 수 없다. 이는 후속절에 그 결과를 취소하는 문장이 오면 비문이 되는 것을 통해서 확인해 볼 수 있다.

(4´) ?他对山东方言有了一点调查，但是没调查完。

즉, '有'는 동작의 발생을 이미 전제로 하고, 그 동작의 결과를 특정값으로 갖기 때문에, 그 특정값을 취소하는 후속 문장이 오면, 자연스럽지 않게 느껴지는 것이다. 이 경우에도 '有'는 어떠한 상황이 이미 발생하고, 변화 이후의 상태를 유지하는 의미를 내포하는데, 이러한 점은 有자문이 이전의 상황의 발생을 전제로 하는 과

거 시제로의 해석을 선호하는 이유이기도 하다. (4)에서도 '调査'라
는 행위는 이미 일어났으며, 그 행위로 인한 결과물의 존재를 보장
하는 과거 시제로 해석된다. 따라서 과거 시제 구문에서 대부분의
빈어가 특정성을 갖는 것과 마찬가지로, 행위의 발생을 전제하고
'결과물'의 의미를 나타내는 有자문에서도 빈어의 특정성 해석이
선호되는 것이다. 또한 결과값을 지칭하는 '有'의 빈어의 특징은
문장 내에서 '변화'의 의미를 나타내는 기제로 작용한다.

4.3. 상표지 '着', '過'와 '有'의 결합관계

앞서 '有'는 상표지 '了₁'과의 결합에 있어서 제약이 존재하여
'영향의 목적어'로 분류되는 사물 빈어를 취할 경우 결합을 선호하
지 않지만, '결과 목적어'를 취할 경우에는 그 제약에서 자유롭다
는 점을 알 수 있었다. 그렇다면, 또 다른 상표지 '着'의 결합여부
에 대해서는 어떠한 특성을 가지는지 살펴보자.

>　(1) 소유　*我有着玩具。
>　　　　존재　*教室里有着三个学生。
>　　　　비교　*我的眼睛有着她的那么圆。
>　　　　도달　*我的弟弟已经有着一米六高。
>　　　　변화　*他已经有着研究。

(1)에서 살펴볼 수 있는 바와 같이, '有'는 상표지 '着'와의 결합
에서 제약을 보인다. 이것은 상표지 '着'의 기능과 관련이 있는데,

'着'는 동작의 진행 상태를 나타내어, 종결점이 없는 미완료의 동 작을 나타낸다. 이러한 점은 '有'가 전체사건의 마지막 부분, 즉 결 과의 값만을 특정 지시한다는 점과 상충된다. 미완료 상인 '着'와 결합할 경우, 동사에서 종결점이 사라지게 되어 동작의 마지막, 즉 결과를 가질 수 없기 때문이다. 이러한 이유로 '有'는 미완료 상표 지 '着'의 결합을 선호하지 않는다. 그러나 '有'가 의미상 '결과의 목적어'와 결합하였을 때는 상표지 '了'와의 결합에서와 마찬가지 로 그 제약에서 비교적 자유로운데 그 예는 다음과 같다.

(2) 他有着艺术家的气质。
그는 예술가의 기질을 가지고 있다.
(3) 中国在两千年前就与伊朗等国有着贸易往来。
중국은 이천년 전부터 이란 등의 국가와 무역 왕래를 하였다.

(2)와 (3)에서 '有'의 빈어인 '气质'과 '往来'는 기존에 존재해 있 었던 것이 아니라 새롭게 생성, 출현한 존재이다. 즉, '着'는 일반 적으로 동작의 진행 상태를 나타내어 종결점이 없는 미완료의 동 작을 나타내지만, 이상과 같이 결과의 목적어로 분류되는 빈어를 취할 경우, 종결점이 이 결과의 목적어로써 보장되기 때문에, 종결 점 이후의 지속 상태를 나타낼 수 있다. 따라서 이 경우 '着'는 '有'와의 결합에서 제약을 덜 받게 된다.

다음으로는 상표지 '过'와 '有'와의 결합 양상을 살펴보도록 하자.

(4) 소유 *我有过玩具。

존재　*教室里有过三个学生。
비교　*我的眼睛有过她的那么圆。
도달　*我的弟弟已经有过一米六高。
변화　*他已经有过研究。

(4)에서 살펴볼 수 있는 바와 같이, '有'는 상표지 '过'와의 결합에서 제약을 보이는데, 이것은 '过'의 반복 가능성이라는 조건 때문에 기인한 것으로 보인다. Li & Thompson(1996 : 233)은 '경험상(experiential aspect)'의 표지 '过'는 어떤 사건을 적어도 한 번 이상 경험했음을 나타낸다고 밝히고 있다. 이러한 '过'의 기본 의미는 원칙적으로 한번 이상 일어날 수 없는 사건에는 쓰이지 않으므로 반복 불가능한 동사와는 결합하지 않는다. 그 예로 '死'는 반복할 수 없으므로 '*他死过。(그는 죽은 적이 있다.)'는 불가능하다. 즉, '过'와 결합할 수 있는 조건은 동사의 동작성 여부가 아니라 동사 자체가 반복성을 가질 수 있는가이다. 이러한 점에서, '有'가 상표지와 결합할 수 없는 이유도 동작의 마지막 과정을 초점으로 하여 그 결과의 유지를 의미로 하는 '有'의 의미와 관련이 있나. 동삭 자체가 아니라, 동사 결과 상태의 유지를 나타내는 '有'는 동작 자체의 반복성과 관련이 있는 상표지 '过'와 의미상으로 상충되기 때문에 결합을 선호하지 않는 것이다.

또한 '过'가 나타내는 상황은 '참조 시간'과 단절된 상황이다. 예를 들어, 다음 문장에서 '过'와 결합 가능한 동사 '住'의 경우에 '过'는 참조 시간에 해당되는 발화시간과 단절되어, 이미 발생한 상황을 나타낸다.

(5) 我在这儿住过三年。

　　나는 이곳에서 3년 동안 살았었다.

　(5)는 내가 발화 시간 이전에 3년 동안 살았음을 뜻하는 동시에 발화 시간인 현재에는 더 이상 여기에 살지 않는다는 의미를 내포한다. 즉, '过'는 종점 경계를 발화 시점 이전에 가지기 때문에, 참조 시간인 발화 시간 이전에 이미 종결된 사건을 나타낸다. 이러한 점은 상황의 마지막 과정의 결과 상태가 참조 시간까지 유지됨을 나타내는 '有'의 의미 특성과 상충된다. 따라서 '有'는 '过'와의 결합을 선호하지 않는 것이다. 그러나 '过'로 인하여 이미 종결된 사건의 경험이 동작은 이미 종결되었지만, 그 경험으로 인한 영향이 현재까지 있음을 표현하고자 하는 경우, 중국인들은 '有' 뒤에 '过'를 결합시키기도 한다. 그 예는 다음과 같다.

(6) 他与许多女性有过交往。

　　그는 많은 여자들과 교제를 하였다.

(7) 他与恐怖主义分子有过接触。

　　그는 폭력주의자들과 교류를 한 적이 있다.

　이 경우, '有'의 빈어는 제약을 받는데, '过'의 결합조건을 따라 '有'의 빈어는 동작 자체가 반복 가능한 것이어야 한다. 따라서 동작성이 없는 사물 빈어는 사용될 수 없고, 사물 빈어일지라도 창조의 의미를 가지는 '결과의 목적어'인 경우에는 결합이 비교적 자유롭다.

(8) 我思想上有过一些波动。

　　내 마음에 조금의 파동이 있었다.

　이상과 같이, 상표지 '着', '过'도 '有'와의 결합에 있어서, '영향의 목적어'로 분류되는 사물 빈어를 취할 경우 결합이 선호되지 않지만, '결과의 목적어'를 취할 경우에는 그 제약에서 자유롭다. 즉, '有'는 정태성이 강한 정태동사로써 일반적으로 상표지와의 결합이 제약되지만, '有'가 내포하는 또 다른 특징인 변화성으로 인하여 빈어에 따라 상표지와의 결합을 허용할 수 있다.

제 5 장

소유동사 '有'의 초기 문법화

'有'의 갑골의 형태를 보면, 가로획과 삐침은 손의 형상 '又'이고, 아래는 '肉'으로 구성되어 있는데, 이는 '손으로 고기를 잡는다'는 의미로 '어떠한 특정대상을 획득한다'는 의미이다. 즉, '有'의 원의미는 '어떤 특정값의 획득'이라는 의미에서부터 출발하였다. 그러나 '有'는 '특정값의 획득'이라는 의미에서 '획득'이라는 동작 과정을 부각하지 않고, 그 동작이 일어난 이후의 결과 상태만을 그 의미로 삼는다. 이것은 '有' 동사가 정태성이 강한 동사로 분류되는 원인이기도 하다.[49] 따라서 정태성이 강한 '有'는 획득한 동작의 결과 상태값을 원의미로 가지며, 이는 '소유'의 의미로 해석된다. 한편, 이러한 '有'의

---

[49] '有'에 관한 선행연구에서 '有'의 용법과 성질에 대해 각 학자마다 다양하게 설명하고 있지만, 이들 모두 '有'가 동작을 나타내지 않고 존재관계를 나타낸다는 점에서는 동의하고 있다. 예를 들어, 马建忠(1898)은 '有'자가 행위를 기록하지 않고 단지 움직이지 않는 영역을 말하는 '同动字'라고 하였고, 高耀墀(1957)은 '有'자는 동작을 표시하지 않는 동사라고 밝혔으며, 丁声树(1961)와 李临定(1990)도 '有'는 존재 관계를 나타내는 동사라고 주장하였다.

의미는 어떠한 대상이 어떠한 특정값을 획득했느냐에 따라 '존재', '출현', '발생', '포함', '도달' 등의 다양한 의미로 확장되었다.[50) 그렇다면, 이러한 확장에는 어떠한 기제가 작용하고 있을까?

일반적으로 의미의 구체적인 확장 방식으로는 '비유'를 들 수 있다. 인지 언어학에서는 '비유'란 의미를 부여하는 인간의 기본적인 책략 중의 하나로서 세상에 대한 경험과 이해의 폭을 넓히는 인지체계의 고유한 측면이라고 간주한다. 의미 확장의 방식으로써 비유는 크게 '은유(metaphor)'와 '환유(metonymy)'로 분류된다. '은유'란 인간의 '유사성 인지능력'과 관련된 것으로 기존 낱말의 대상 범위를 구체적 대상에서 추상적 대상으로까지 범위를 넓히는 것을 말한다. 또한 '환유'란 인간의 '인접성 인지능력'과 관련된 개념으로 공간적으로 인접해 있는 대상을 관련시키는 능력을 일컫는 개념이다.[51)

'有'의 의미 확장의 경우를 살펴보면, '有'의 의미 변화는 '有'의 소유주가 사람에서 추상적 존재로 확장되어 나타나거나 소유대상 역시 구체물에서 추상물로 확장되어 가면서 나타나는 의미 변화에 해당한다. 즉, 이것은 대상과 대상을 같은 범주 안의 것으로 파악하는 유사성의 원리인 '은유'에 의해 확장되었다고 볼 수 있다. 이

---

50) ≪多义语词典≫에서는 '有'의 의미를 소유(具有), 존재(存在), 성질, 수량(性质, 数量)에 이름, 출현(出现), 사물의 정도가 깊음(事物的程度深), 일부분(表示一部分), 더함(加 : 挂零)으로 분류하고 있고, ≪汉语动词用法词典≫에서는 소유(领有), 존재(存在), 추측, 비교(估计或比较), 발생, 출현(发生或出现), 어떤(某)의 의미로 분류하고 있다.

51) Jakobson & Halle(1956)은 '은유'와 '환유'의 차이점에 대해 은유란 닮음에 기초하고 있는 반면에, 환유란 지나치게 많은 왜곡 없이 '연상'이라고 할 수 있는 '인접성'에 기초하고 있다고 지적하였다.

와 같은 은유의 본질에 대해 Lakoff & Johnson(1980)은 다른 사물에 의해서 이해하고 경험하는 것으로 정의를 내리고 있다. 즉, '有'의 의미 확장에 따른 소유주와 소유대상의 구체성에서 추상성으로의 이동은 이러한 개념과도 일치한다고 할 수 있다.

한편, 인지문법은 언어표현의 의미 속에는 관습화된 '영상도식'이 내재해 있는 것으로 간주한다. 또한 '영상도식'은 은유적 사상에 중요한 역할을 하며, 언어 현상에도 영향을 미친다. 이러한 영상도식은 학자들의 분류 방식에 따라 그릇, 연결,[52] 방향,[53] 중심-주변[54] 은유 도식 등으로 다양하게 나타나는데 '有'의 의미 확장에는 그릇 도식에 의한 '그릇 은유'[55]가 생산적으로 작용하고 있는 것으로 보인다. 그릇 도식(container schema)은 소유주를 그릇으로 보거나, 소유주를 포함하고 있는 상황을 그릇으로 보고, 소유 대상을 그 안에 담긴 내용물로 보는 은유에 의해 나타난다. Lakoff & Johnson(1980)은 인간은 사건(event), 행위(action), 활동(activities), 상태(states)를 그릇으로 인지한다고 하였다. '有'의 의미 확장의 영상도식을 살펴보면, 사람이 구체적 대상을 소유했다는 의미에서도 '그

---

52) 연결 도식(link schema)은 두 개체의 연결구조에 대한 영상도식으로서, 연결과 분리에 관련된 도식이다.

53) 방향 도식(orientational schema)은 위-아래, 앞-뒤, 오른쪽-왼쪽 등의 방향과 관련된 도식이다.

54) 중심-주변 도식(center-periphery schema)은 중심과 주변의 구조로 이루어진 영상도식으로서, 중심은 긍정적(+)이며, 주변은 부정적(-)이다. 예를 들어, 식물의 줄기는 사람의 몸통처럼 중요한 기관이지만, 가지나 잎은 필요에 따라 가지치기를 하거나 가을이 되면 중심부인 생명체를 유지하기 위해 스스로 잎을 떨어뜨린다. 따라서 중심은 긍정적 가치로, 주변은 부정적 가치로 인지된다. (임지룡(1997)에서 인용.)

55) 이 책에서 '그릇 은유'라고 지칭하는 것은 그릇 도식에 의한 은유를 말한다.

룻 은유'가 나타나고 있음을 확인해 볼 수 있다.

(1) 他有一本书。

그는 책 한권을 가지고 있다.

(2) 他有很好的奶奶。

그는 좋은 할머니가 있다.

(3) 他有个蓝色眼睛。

그는 파란 눈을 가지고 있다.

(1-3)은 모두 '소유'의 의미로 해석 가능하나, (1)과 (2-3)은 소유 유형에서 다른 영상도식을 보인다. (1)은 소유주가 소유 대상물을 자신의 의지로 소유하거나 양도, 포기할 수 있는 소유 유형에 속하는 것으로, 소유대상과 소유주는 외적으로 관계를 맺고 있다. 그러나 (2-3)은 소유주가 소유대상을 자신의 의지대로 소유하거나 양도, 포기할 수 있는 소유가 아니다. 이러한 경우의 소유대상과 소유주는 내적으로 관계를 형성한다. 즉, 후자의 경우는 '소유'의 그릇 은유가 나타난 것으로 소유주를 일종의 그릇으로 보고 소유 대상을 그 안에 담긴 내용물로 보는 것이다. 즉, (2)에서는 그가 맺는 친척 관계를 그릇으로 보고 할머니와의 관계를 내용물로 보는 것이며, (3)은 그의 몸이 가진 특징을 그릇으로 보고 파란 눈을 가지고 있는 성질을 내용물로 보는 것이다. 이러한 '有'의 의미 유형들은 모두 탄도체와 지표56) 사이에 나타나는 'possession' 관계로 영상화

---

56) Langacker(1987)에 따르면, 두 개의 개체(entity)가 이루는 내부구조를 관계(relation) 라고 하는데, 이 내부구조의 묘사관계에 있어서 가장 두드러진 개체는 탄도체 (trajector)이고, 탄도체보다 덜 두드러진 개체이며 탄도체의 참조점으로 생각되는 개

시킬 수 있다. 有자문에서 소유주와 소유대상인 주어와 빈어는 각
각 탄도체와 지표를 이루며, 의미를 형성한다. 또한 '有'의 의미로
해석되는 다양한 의미 유형들은 모두 탄도체와 지표 사이에 나타
나는 'possession' 관계가 외적으로 영향을 미치는가와 내적으로 영
향을 미치는가에 따라 두 가지로 분류할 수 있다. 따라서 이 책에
서는 탄도체의 힘이 지표에 미치는 관계에 따라 有자문이 나타내
는 소유의 유형을 외적 소유와 내적 소유로 분류할 수 있음을 보이
고, 이에 따라 의미가 어떻게 달라지는지를 살펴보고자 한다. 다음
은 외적 소유와 내적 소유의 도식이다.

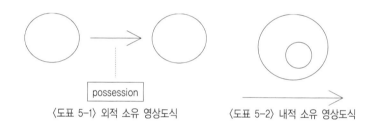

〈도표 5-1〉 외적 소유 영상도식   〈도표 5-2〉 내적 소유 영상도식

<도표 5-1>에서 나타난 것은 (1)과 같이 탄도체와 지표 사이에
외적인 영향이 존재하는 경우를 나타내고, <도표 5-2>는 (2-3)과
같이 탄도체와 지표 사이의 영향이 내적인 경우를 나타낸다. 이 책
에서는 위와 같이 '有'의 1차적 의미 분화를 외적 소유와 내적 소
유의 개념으로 분석하고자 한다. 이러한 영상도식에 의한 설녕은
'有'의 의미 현상에 대해서 설명되지 않았던 부분을 해결할 수 있다.
예를 들어, 같은 처소 주어를 갖는 有 존재문과 在 존재문의 의미 차

체는 지표(landmark)라고 한다.

이와 '有+VP' 형식과 'VP了' 형식의 의미 차이와 같은 문제에도 실마리를 제공할 수 있을 것이라 기대한다.

1. 외적 소유

외적 소유는 그 의미상에서 볼 때, 분리 가능한 소유(alienable possession)에 속한다.[57] 분리 가능한 소유 표현은 그 의미상에서 볼 때, 소유주가 소유대상물을 자신의 의지로 소유하거나 양도할 수 있고, 자신이 가지고 있는 소유권을 포기할 수도 있는 소유표현을 말한다. 따라서 분리 가능한 소유문에서 소유주를 나타내는 명사구는 소유 대상물에 대해서 소유 의지를 가질 수 있는 [+유정]의 자질을 갖고 있는 것이어야 한다.

> (1) 老洪有三台电脑。
>   老洪은 컴퓨터 3대를 가지고 있다.
> (2) 我的妹妹有很多娃娃。
>   내 여동생은 인형을 많이 가지고 있다.
> (3) 妈妈有一只狮子狗。
>   엄마는 발바리 한 마리를 가지고 있다.

(1-3)에서 소유주를 나타내는 '老洪', '我的妹妹', '妈妈'의 공통

---

57) Fillmore(1968)에서는 분리 불가능한 소유(Inalienable Possession)의 개념을 설명하면서 신체 기관이나 친족 관계 등을 예로 들고 있다. 분리 가능한 소유는 이와 달리 소유 관계의 양도 또는 취소가 가능한 개념이다.

의미자질은 [+유정]이며, 소유대상에 대한 소유권은 소유주의 의
지에 의해 통제 가능하다. 이 경우, 소유주인 탄도체와 지표에 해
당되는 소유대상의 관계(relation)는 다음과 같은 영상으로 나타낼 수
있다.

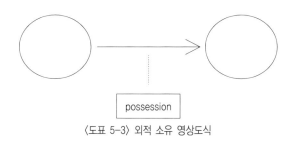

〈도표 5-3〉 외적 소유 영상도식

　위 그림에서 탄도체와 지표는 일정 거리를 두고 각각 다른 공간
상에 독립적으로 존재해 있다. 이 때, 탄도체인 소유주는 동사 '有'
로 인하여 목표지점인 지표−소유 대상과 접촉하고, 'possession' 관
계를 맺고 있다. 탄도체와 지표가 맺고 있는 'possession' 관계는 탄
도체의 의지에 따라 취소, 양도될 수도 있다. 즉, 탄도체와 지표의
관계는 탄도체에 의해 통제 가능하다. 이 때, 소유주와 소유 대상
이 맺고 있는 'possession' 관계는 '소유'의 의미만을 나타낸다. 이
러한 외적 소유의 영상도식을 보이는 '소유'는 아직 '은유'가 실현
되지 않은 원의미에 가장 가까운 의미이다.

2. 내적 소유

내적 소유는 그 의미상에서 볼 때, 외적 소유와 반대로 분리 불가능한 소유(inalienable possession)에 속한다. 분리 불가능한 소유는 소유주와 소유 대상의 의미적 관계가 분리될 수 없는 소유의 의미를 나타내는 것으로, 그 소유대상은 소유주의 의지에 따라 통제할 수 없는 추상적 존재가 대부분이다. 따라서 소유대상이 되는 '有'의 빈어는 소유주가 자신의 의지에 따라 포기하거나 양도하는 데 제약이 따른다. 또한 소유주의 소유 의지가 큰 영향을 미치지 못하는 내적 소유 구문에서는 소유자인 주어가 반드시 소유 의지를 가질 수 있는 [+유정]의 자질을 필요로 하지 않는다. 내적 소유는 '有'의 논항인 소유자와 소유대상에 따라, 그 의미가 다양하게 확장되고, '그릇 은유'가 실현되어 영상도식에서도 변화를 보인다. '그릇 은유'가 실현된 내적 소유에서는 소유주는 그릇으로서 내용물인 소유대상을 내포하는 영상으로 나타난다. 따라서 이 경우 소유주와 소유대상이 맺는 'possession' 관계는 소유주의 의지에 의해 통제 불가능하다. 또한 이 때 의미 대상은 소유주와 소유대상의 종류에 따라 다양하게 해석될 수 있다.

2.1. 소유대상이 구체물인 경우

소유대상이 추상물일 경우에는 소유주가 의지를 가질 수 있는 유정물일지라도 소유대상을 자신의 의지에 따라 통제하기 힘들다.

따라서 내적 소유에 속하는 유형들의 대부분의 소유대상은 추상물이다. 그러나 소유대상이 구체물에 속하는 것들이 존재하는데, 이 경우 소유 대상과 소유주는 어떠한 관계를 형성하고 있는지 다음에서 살펴보고자 한다.

2.1.1. 소유자가 [+유정]인 경우

소유대상이 소유주의 의지에 따라 통제할 수 없다는 특징 때문에 내적 소유에서 '有'의 빈어는 대부분 추상물이지만, 소유 대상이 구체물일 수도 있는데, 이 경우 소유대상은 소유주를 구성하는 구성원에 속한다. 이 경우, 소유주와 소유대상은 전체와 부분의 관계를 이루기 때문에, 구체물인 소유대상이 소유주와 독립적 공간에 위치해 있지 않고, 이미 소유주의 공간에 내포되어 있다. 따라서 소유주와 소유대상이 맺는 관계는 그 내포 관계 속에서 이루어지며, 이로 인해 그 관계는 소유주의 의지에 따라 취소, 양도될 수 없다. 다음의 예를 살펴보자.

(1) 甲虫有很厚的甲。
　　갑충류는 두꺼운 껍질을 가지고 있다.

(1)에서 소유주는 자신의 의지와 관계없이 이미 소유대상을 신체의 한 일부분으로 포함하고 있기 때문에 소유주는 소유대상에 어떠한 자신의 의지도 작용할 수 없다. 즉, '很厚的甲'는 '甲虫'을 이루는 일부분으로, 소유대상과 소유주 사이의 의미 관계는 '포함'의 의미를 가진다. 이는 '有'의 내적 소유의 한 유형으로, 논항이 되는

소유대상과 소유주의 의미 특성에 따라 확장된 의미로 해석할 수 있다. 이 경우, 소유주인 탄도체와 지표에 해당되는 소유대상의 관계(relation)는 다음과 같은 영상으로 나타낼 수 있다.

〈도표 5-4〉 예문 (1)의 영상도식

(1)과 같이 소유주가 통제 의지를 가질 수 있는 유정물이고, 소유대상이 구체물임에도 불구하고, 분리 불가능한 소유(inalienable possession)인 내적 소유에 분류되어 '포함'의 의미를 나타내는 예로는 다음과 같은 것들이 있다.

(2) 人人都有两只手。
   사람들은 두 손을 가지고 있다.
(3) 每个人有32颗恒牙。
   모든 사람은 32개의 영구치를 가지고 있다.
(4) 牛马有脚, 鸟有翅膀。
   소와 말은 다리가 있고, 새는 날개가 있다.

2.1.2. 소유자가 [+장소]인 경우

소유자가 장소인 경우, 소유대상으로 구체적 사물이 올 수 있는

데, 이 때는 소유자가 소유 의지를 가질 수 없는 [-유정]이기 때문에, 소유자가 소유대상을 통제할 수 없다는 내적 소유의 조건을 부합시킨다. 이때도 역시 소유주와 소유대상은 전체와 부분의 관계를 이룬다. 장소라는 큰 공간 범주 안에 구체적 사물이 위치하고 있는 의미로 파악할 수 있기 때문이다.

(1) 教室里有三个学生。
교실 안에 3명의 학생이 있다.

(1)에서 '三个学生'은 '教室里'라는 공간을 이루는 일부분으로, 소유대상은 소유주가 차지하는 공간 범위 안에 포함된다고 할 수 있다. 이 경우, 우리는 소유주에 해당하는 '장소'의 공간적 특성을 고려하여 '존재'의 의미를 부여한다. 이 경우 역시 '有'의 내적 소유의 한 유형으로, 논항이 되는 소유대상과 소유주의 의미 특성에 따라 확장된 의미로 해석할 수 있다.

〈도표 5-5〉 예문 (1)의 영상도식

(1)과 같이 소유자가 통제 의지를 가질 수 없는 무정물인 장소이기 때문에 소유대상이 통제가 힘든 추상물이 아님에도 불구하고, 분리 불가능한 소유(inalienable possession)인 내적 소유에 분류되어 '존재'의 의미를 나타내는 예로는 다음과 같은 것들이 있다.

    (2) 树上有两只小鸟。
        나무에 작은 새 두 마리가 있다.
    (3) 湖面有两条船。
        호수 위에 배 두 척이 있다.
    (4) 屋子里有桌子。
        방 안에 책상이 있다.

(2-4)와 같은 有 존재문에서 소유주는 장소이기 때문에 주어 위치에는 장소에 해당하는 성분이 온다. 이와 유사하게 또 다른 존재문 유형인 是 존재문에서도 주어 위치에는 장소에 해당하는 성분이 온다. 따라서 是 존재문과 有 존재문은 종종 비교되는데, 是 존재문과 有 존재문은 소유주로 장소 성분을 똑같이 취하지만 소유주와 소유대상이 형성하는 공간 범위에서 차이를 보이기 때문에 의미적 차이가 존재한다. 이러한 是 존재문과 有 존재문의 의미적 차이는 내적 소유의 영상에서 설명될 수 있다.

허성도(2005 : 576)는 是 존재문과 有 존재문의 차이를 A와 B가 이루는 공간의 크기의 차이로 설명하고 있다. 'A有B' 형식의 有 존재문은, A라는 공간의 일부에 B가 존재함을 나타낸다. 그러므로 A에는 B 이외의 다른 사물이 존재할 수도 있다. 따라서 A는 B보다 큰 공간이 된다. 이와 달리 是 존재문에서는 A와 B의 공간의 크기가 같거나 A 공간이 큰 경우에 사용된다. 다음 예문을 살펴보자.[58]

(5) 前边儿有图书馆。
앞에는 도서관이 있다.
(= 앞 공간에는 도서관이 있고, 도서관 이외의 다른 건물이 있을 수도 있다.)

(6) 前边儿是图书馆。
앞은 도서관이다.
(= 앞 공간에는 도서관만 있고 다른 건물은 없다.)

(5)와 (6)의 의미 차이는 '前边'과 '图书馆'이 이루는 공간 크기의 차이 때문에 발생한다. 이와 같이 (5)와 같은 有 존재문에서 A의 공간적 범위가 B의 공간적 범위보다 커야 하는 이유는 '有'가 '존재'의 의미를 나타낼 때, 내적 소유 관계를 형성하기 때문이다. 즉, 탄도체인 소유주에 해당하는 장소 A는 지표에 해당하는 B를 내포하면서 '소유 관계'를 이루기 때문에, 반드시 A의 범위는 B보다 크게 되는 것이다. 우리는 이러한 점에서 '영상도식'이 '有'의 은유적 사상에 중요한 역할을 하며, 有자문 해석에도 많은 공헌을 할 수 있음을 확인해 볼 수 있다.

---

58) (5-6)은 허성도(2005)에서 제시한 예문을 인용한 것이다.

2.2. 소유대상이 추상물인 경우

소유대상으로 올 수 있는 추상적 대상으로는 추상명사, 상태를 나타내는 형용사, 동사가 올 수 있다. 이 경우, 소유대상이 추상물이라는 특성 때문에 관계에 관여하는 소유주의 의지가 제약되고 각각의 소유대상은 탄도체인 소유주와 분리 불가능한 내적 소유의 관계를 이룬다. 또한 의미적 측면에서 소유주와 소유대상의 관계는 소유대상이 추상명사일 경우는 '소유'의 의미를 나타내고, 형용사일 경우는 '비유, 도달'의 의미로 해석되며, 동사일 경우에는 '변화'의 의미로 해석된다.

먼저, 소유대상으로 '추상명사'가 와서 '소유'의 의미를 나타내는 예문을 살펴보자.

(1) 他有很好的办法。
그는 좋은 방법을 가지고 있다.
(2) 这孩子有音乐天才。
이 아이는 음악적 재능을 가지고 있다.
(3) 他对历史不但有兴趣, 而且很有研究。
그는 역사에 대해 흥미가 있을 뿐만 아니라 조예도 깊다.
(4) 这种木头有用处。
이 나무는 쓸모가 있다.

(1-4)에서와 같이 '有'의 빈어로 '추상명사'가 오게 되면 '소유'의 의미를 나타낸다. 刘月华(2001)에 따르면, 추상명사가 빈어로 올 경우, '有'는 '很',[59] '挺', '最'와 같은 정도부사의 수식을 받을 수 있다.

(1´) 他挺有办法的。

    그는 매우 수단이 좋다.

(2´) 这孩子很有音乐天才。

    이 아이는 음악적 재능이 있다.

(3´) 他对历史不但很有兴趣, 而且很有研究。

    그는 역사에 대해 흥미가 많을 뿐만 아니라 조예도 깊다.

(4´) 这种木头最有用处。

    이 나무는 가장 쓸모가 있다.

또한 일부 추상명사는 '有'와 결합하여 정도 부사를 쓰지 않고도 정도가 매우 깊다는 것을 나타내기도 한다.

(5) 他可是有年纪了。

    그는 연세가 있으시다.

(6) 这个人有学问。

    이 사람은 학식이 있다.

(7) 你比我有经验。

    너는 나보다 경험이 많다.

이상의 예문과 같이 '추상명사'를 빈어로 취하는 경우, '有'는 부사의 수식을 받거나 또는 일부 추상명사와의 단독 결합을 통해서 주관적 판단이나 평가의 의미를 나타낼 수 있다. 이때 '有'의 의미는 소유대상이 소유주의 의지에 따라 통제할 수 있는 대상이 아니기 때문에 '분리 불가능한 소유(inalienable possession)'에 속하며 내적

---

59) 刘月华(2001)는 '有'가 일부 명사와 결합하여 很+有+NP의 구조를 형성할 때, '有'는 적극적 형용사의 의미로 '多', '大', '远'의 의미를 나타낸다고 하였다.

소유로 분류된다.

다음으로는 '有'의 빈어로 상태를 나타내는 형용사구가 올 경우를 살펴보도록 하자. '有'가 형용사구를 취할 경우 '有'는 '비유' 또는 '도달'의 의미를 나타내고, [비교주체+有+비교대상+这么/那么/수량사+형용사]의 구조를 갖는다.

이와 같은 '有'의 용법에 대해서는 개사로 보아야 한다는 주장과 동사로 보아야 한다는 주장이 모두 존재한다.[60) 단, 필자는 이 경우 역시 '有'는 동사로 보아야 한다는 견해에 동의하고 있다. 비교, 도달의 의미를 나타내는 '有'를 동사로 처리해야 하는 이유는 다음과 같다.

첫째, 비교, 도달의 의미를 나타내는 '有'는 앞서 지적한 바와 같이 단독으로 사용 가능하다는 특징을 갖고 있는데, 이는 동사가 갖는 특징이다.

> (8) 翠翠 : "(这白薯)有肉好吃吗?"
>
> 이 고구마는 고기만큼 맛있니?
>
> 少华 : "有!"
>
> 네
>
> 翠翠 : "有鱼好吃吗?"
>
> 물고기만큼 맛있니?
>
> 少华 : "有!"
>
> 네   <电影 <乡情>>
>
> (9) A : 他有你那么高吗?

---

60) 개사로 보는 견해로는 林泰安(1986)과 宋玉株(1983) 등이 있고, 동사로 보는 견해로는 朱文雄(1995), 郑懿德(1997), 张豫峰(1998), 刘苏乔(2002) 등이 있다.

　　그는 너 정도로 키가 크니?
　B : 没有!
　　그렇지는 않아요.

　둘째, 비교, 도달 의미의 '有'는 긍정과 부정 형식을 이용하여 정
반 의문문을 만들 수 있다는 점에서 동사의 성질을 유지하고 있는
것으로 보인다.

　(10) 泰山有没有黄山美?
　　　태산(泰山)은 황산(黄山)만큼 아름답나요?
　(11) 今年有没有去年热?
　　　올해는 작년만큼 덥나요?

　개사는 일반적으로 긍정과 부정 형식을 연이어 사용하여 의문문
으로 만들 수 없지만 '有'는 긍정과 부정의 형식을 반복하여 의문
문을 만들 수 있다는 점에서 비교문의 '有'는 동사적 성격을 지니
고 있다.

　셋째, 비교, 도달 의미의 '有'는 빈어의 생략이 가능하다.

　(12) a. 他有我这么高吗?
　　　　　그는 나만큼 큰가요?
　　　 b. 他有这么高吗?
　　　　　그는 이만큼 큰가요?

　(12a)에서 '有'의 빈어인 '我'는 생략하여 (12b)와 같이 표현할

수 있다. 만약 (12a)에서의 '有'를 개사로 취급한다면, '我'의 생략
은 불가능하다. 왜냐하면, 개사는 빈어를 반드시 동반해야하기 때
문이다.[61] 즉, 이 경우 '有'는 개사로 취급할 수 없다. 따라서 필자
는 형용사 빈어를 취하여 '비교'의 의미를 나타내는 '有'의 품사 역
시 동사로 간주해야 한다고 본다. 또한 이 경우 동사적 성질을 갖
는 '有'는 동사적 의미인 '소유'의 의미를 보유하고 있다는 점에서
소유의 은유적 의미 확장인 '그릇 은유'에 속한다고 판단된다.[62]

'有'를 동사로 볼 경우, 이상의 구조는 다음과 같은 두 가지 방법
으로 분류할 수 있다.

```
A : 小张    有    小王  那么  高。    我    没有    你  这么  清楚。
    主    _____谓_____        主    _____谓_____
          动_____宾_____              动_____宾_____
                主    状    谓                    主    状    谓


B : 小张    有    小王  那么  高。    我    没有    你  这么  清楚。
    主    _____谓_____        主    _____谓_____
          动_____宾_____              动_____宾_____
                定    状    中                    定    状    中
```

---

61) 崔希亮(2004)에서는 개사의 전형적인 특징으로 6가지를 제시하였다. 그 특징으로는
중첩할 수 없다는 점, 단독으로 사용할 수 없다는 점, 빈어가 반드시 있어야 한다는
점, 상표지를 부가할 수 없다는 점, 부사의 수식을 받을 수 없다는 점, 보어를 부가
할 수 없다는 점이 해당된다.

62) '有'를 개사로 간주하여 아래의 예문을 분석하면, 다음과 같다.

```
(1) 小张    有    小王  那么  高。    (2) 我    没有    你  这么  清楚。
    主    _____谓_____            主    _____谓_____
          状_____中                        状_____中
          介    宾    状    中              介    宾    状    中
```

A는 林泰安(1986)이 비교문의 '有'를 동사로 취급했을 때 파악되는 구조로 제시한 것으로 '小王那么高'를 주술관계로 파악하고 있다. B는 朱文雄(1995)이 '有'를 동사로 취급하면서, '小王那么高'를 수식관계로 파악한 것이다. 필자는 朱文雄(1995)의 견해에 동의하여, B와 같이 분석해야 한다고 보고 있다.[63] '小王那么高'를 수식관계로 보는 이유는 이 때 '小王'의 생략이 자유롭기 때문이다. 만약, '小王那么高'를 주술 관계로 본다면, '小张有小王那么高。'에서 '小王'을 생략한 '小张有那么高。'는 어색한 문장이 되어야 한다. 그러나 '有'의 빈어 위치에 오는 비교대상은 자주 생략된다는 점에서, '小王'은 관형어 성분으로서 '那么高'를 수식하는 성분으로 보아야 한다. 관형어 성분은 문장에서 생략하여도 전체 의미에 크게 영향을 끼치지 않음으로, 담화 맥락에 따라 자주 생략되는 성분이기 때문이다. 또한 의미적으로도 '有'의 빈어 '小王那么高'는 '小王很高'의 의미가 아니라 '小王的高度'의 의미라는 점에서 주술구조 보다는 수식구조로 보는 것이 합리적일 것이라 판단된다.

이상과 같은 점에서 '비유'를 나타내는 문장에서 '有'는 소유의 의미를 나타내고 빈어와 술목구조를 이루며, 빈어인 형용사구는 명사화되어 해석된다. '有'가 비유의 의미로 사용된 예문은 다음과 같다.[64]

---

63) 朱文雄(1995)은 有 비교문을 B와 같이 분석해야 한다고 보고 있지만, A와 B 분석 모두 의미 해석상 크게 다르지 않다고 지적한다. 때문에 B로 보는 이유에 대한 구체적 설명은 제시하지 않고 있다.

64) 예문은 朱文雄(1995)에서 인용.

(13) 我的眼睛有她的那么圆。

　　　나의 눈은 그녀의 눈만큼 동그랗다.

(14) 那块钻石有核桃那么大。

　　　그 다이아몬드는 호두 크기만큼 크다.

(15) 这孩子已经有他爸爸这么高了。

　　　이 아이는 이미 그의 아빠만큼 크다.

(16) 小张有小王那么高。

　　　小张은 小王만큼 크다.

　(13)에서 '我的眼睛'은 비교주체이고, '有'는 동사이며, '她的那么圆'은 상태를 나타내는 빈어구이다. 즉, '有她的那么圆'은 '有'가 소유대상으로 '她的那么圆'이라는 상태 빈어를 취하는 술목 구조로서 '그녀의 눈만큼이나 동그랗다'라는 상태를 소유하는 의미를 나타낸다. (14) 역시 '그 다이아몬드가 호두만큼 큰 상태의 정도를 소유하고 있다'는 의미로 파악된다. (15-16)의 경우에도 비교주체인 '这孩子'와 '小张'은 각각 상태를 나타내는 형용사구를 그 속성 또는 성질로서 소유하고 있다는 의미를 나타낸다. 따라서 有 비교문은 빈어로서 제시되는 형용사구의 성질을 소유하고 있다는 의미를 지니며, '有'는 비교 또는 비유의 의미로 해석된다.

　상태를 나타내는 또 다른 유형으로는 '수량구'가 오는 경우이다. '有' 뒤에 수량구가 오는 경우는 수량에 이르렀다는 '도달'의 의미를 나타낸다. 이 경우, 有자문은 [주어+有+수량사+형용사]의 구조를 갖는다.65)

---

65) 이 경우에도, '有'의 품사는 동사이고, '수량사+형용사'는 '有'의 빈어로 해석되며, 수량사와 형용사의 관계는 수식관계로 분석될 수 있다.

(17) 他的身高有一米七高。

　　그의 키는 170cm 정도 된다.

(18) 这块地估计有三十亩。

　　이 밭은 아마 30묘는 될거야.

(19) 这条鱼足足有四斤重。

　　이 물고기는 족히 4근은 된다.

　　(17-19)에서 '有'의 빈어로 사용된 수량구는 소유주의 성질에 해당하는 것이다. 예를 들어 (17)에서 소유주 '그의 키'는 수량구에 해당하는 '170cm 정도의 높이'를 소유했다는 의미로 해석되어질 수 있다. 따라서 이 경우에도 '도달'의 의미로 해석되지만, 원의미인 '有'의 소유 의미에서 크게 벗어나지 않는다. 또한 이때도 성질을 나타내는 형용사구를 빈어로서 취할 때와 마찬가지로 소유주가 소유대상에 대해 통제하는 것이 불가능하다. 즉, 위 예문과 같은 경우 소유대상에 해당하는 형용사구와 수량구는 소유주의 의지에 따라 통제할 수 있는 대상이 아니기 때문에, 이때 有자문은 분리 불가능한 소유(inalienable possession)에 속하며 내적 소유로 분류된다.

　　다음으로 '有'와 결합하는 추상물의 마지막 유형인 '동사'와 결합하는 경우를 살펴보자. 은유적 확장에서 '有'와 결합하는 동사는 '동작동사', '심리동사', '무의지 동사'[66]로 분류할 수 있다.[67] 이들

---

(1) 他的身高　有　一米七　高。
　　 <u>主</u>　　　<u>谓</u>
　　　　　　<u>动</u>　　<u>宾</u>
　　　　　　　　<u>定</u>　<u>中</u>

(1)과 같이 '有'가 도달의 의미를 나타낼 때, '수량사＋형용사'에서 형용사는 생략이 자유로운데, 이것은 수량사의 의미 안에 형용사의 의미가 '함의'되어 있기 때문이다.

동사는 모두 명사화될 수 있다는 특징을 지닌다.[68]

> (20) 我曾跟他们有过交往。
>
> 나는 그들과 교류한 적이 있다.
>
> (21) 比赛之前, 他们不单单是兴奋, 还有担心。
>
> 경기 전에 그들은 흥분되기도 하고, 걱정하는 마음이 있기도
> 하였다.
>
> (22) 生活有改善。
>
> 생활이 개선되었다.
>
> (23) 情况有变化。
>
> 상황이 변화되었다.
>
> (24) 这孩子的学习有进步。
>
> 이 아이의 학업은 진전이 있다.

　(20)과 (21)은 각각 동작동사 '交往'과 심리동사 '担心'과 결합한
예로, 이 때 '有'는 '소유'의 의미로 해석된다. 한편, (22-24)에서
'有'의 빈어 '改善', '变化', '进步'는 무의지 동사로 분류되는 동사
로 [+변화]의 의미자질을 가지고 있는 동사이다. 때문에 이들 동

---

66) 무의지동사는 马庆柱(1992 : 42)가 비자주동사(非自主动词)로 분류한 것으로, 무의식
적인 동작행위, 즉 동작행위를 하는 이가 자유롭게 동작행위를 지배할 수 없음을 나
타내며, [+변화]와 [+속성]의 성질을 가진다. 여기서 변화와 속성을 나타낸다고 할
수 있는 것은, 의식 없는 동작행위를 변화 혹은 속성으로 볼 수 있기 때문이다. 따
라서 무의지동사의 의미 자질은 [−의지][+변화][+속성]으로 나타낼 수 있다.

67) 동작동사 : 合作, 表现, 交流, 交往, 沟通, 往来, 接触, 对立, 演讲, 争吵
　심리동사 : 考虑, 思考, 了解, 理解, 认识, 尊敬, 失望, 嫉妒, 担心, 沮丧, 遗恨, 后悔,
　　害怕
　무의지 동사 : 实现, 改善, 加大, 扩大, 增长, 发展, 提高, 增加, 减少, 实现, 下降, 出现
　'有'가 결합하는 빈어의 종류에 관한 자세한 논의는 홍연옥(2009)를 참고할 것.

68) '有'가 은유적 의미로 확장되는 경우에 '有'와 결합하는 동사는 명사적 성질을 가진
다. 이 책에서는 이러한 '有+VP' 형식을 '有+VP₁' 형식으로 분류하였다.

사와 결합할 경우, '有'는 '변화'의 의미로 해석되어지는 경향이 있
다. 그러나 이 경우도 '有'는 '내적 소유'의 유형으로 볼 수 있으며,
변화를 나타내는 동사빈어를 취하여서 변화된 동작 상황을 소유하
였다는 의미를 나타낸다. 따라서 (22-24)는 소유주에 해당하는 '生
活', '情況', '这孩子的学习'의 성질에 '改善', '变化', '进步'라는 동
작의 결과를 내포하고 있다는 의미이다. 이와 같이 '有'가 동사 빈
어를 취하여 변화의 의미로 해석되어질 경우에도 '有'는 소유의 의
미를 내재하고 있는 것으로 보인다. 또한 이 경우, 소유대상에 속
하는 동사구는 소유주의 의지에 따라 통제할 수 있는 대상이 아니
기 때문에 이때 有자문은 분리 불가능한 소유(inalienable possession)에
속하며 내적 소유로 분류된다.

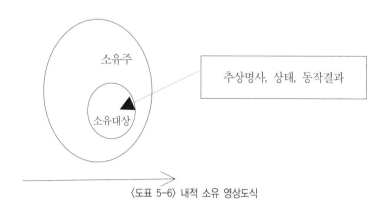

〈도표 5-6〉 내적 소유 영상도식

'有'가 동사 빈어를 취할 때 이상과 같이 내적 소유의 영상도식
을 가지고 있다는 사실은 '有+VP' 형식의 해석에서 초점으로 갖
는 부분을 부각시켜 '부분성'이란 특징을 갖게 하는 이유를 설명

가능하게 하기도 한다.

이상과 같은 결론에서, 기존에 '有'의 의미로 해석되었던, '포함, 존재, 비유, 도달, 변화'의 의미는 '有'와 관계를 맺고 있는 소유주와 소유대상의 유형의 '그릇 은유'가 나타나면서 생겨난 의미로 볼 수 있으며, 이러한 의미도, '有'의 기본 의미 도식에서 벗어나지 않음을 확인할 수 있다.

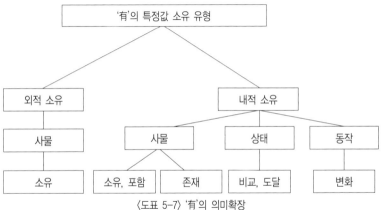

〈도표 5-7〉 '有'의 의미확장

제6장

소유동사 '有'의 후기 문법화

'有+VP' 형식은 '有'가 동사적 성격을 유지하는가에 따라 두 유형으로 분류할 수 있다. 본 장에서는 현대 표준중국어에서 나타나는 두 유형의 '有+VP' 형식에서 '有'의 통사적 변화와 의미의 허화 양상을 지적하고자 한다. 또한 이 두 유형의 변화는 '有'가 동사적 성질을 잃고 상표지 또는 강조의 표지 등의 문법적 성분으로 변화해가는 문법화 과정을 반영하고 있다. 따라서 본 장에서는 '有'가 어떠한 과정을 통해 '완료' 또는 는 '강조'를 나타내는 표지로 발전할 수 있었는지에 대해 고찰해보기로 한다.

1. '有+VP' 형식의 유형분류

최근 현대 표준중국어에서 나타나는 '有+VP' 형식을 살펴보면, '有'가 동사적 성격을 유지하고 있는지의 여부에 따라 두 가지 유형으로 분류할 수 있다. 이때 '有'가 동사적 성질을 유지하는가의 문제는 결합하는 동사의 제약과 명사화 여부에도 영향을 미친다. 다음 예를 살펴보자.

(1) 我的普通话水平有提高。
   나의 표준어 실력은 진전이 있다.
(2) 我有打他。
   나는 그를 때렸다.

(1-2)에서 '有'는 모두 동사 빈어를 취하고 있지만, 이때, '有'의 의미와 결합하는 동사의 성격은 차이를 보인다. (1)에서 '有'는 2음절 동사와 결합하고 있으며, 결합한 동사 '提高'는 명사화되고, '有'는 동사적 의미인 '소유'와 '존재'의 의미를 지니고 있다. 이와 달리 (2)에서 '有'는 2음절의 명동사(名动词)가 아닌 1음절 동사 '打'와 결합하고 있으며 '有'와 결합한 동사 '打'는 자신의 빈어 '他'를 그대로 취하고 있다는 점에서 명사화되었다고 볼 수도 없다. 또한 '有'의 의미도 '소유'나 '존재'의 동사적 의미로 해석하면 억지스러운 해석이 도출된다는 점에서 (1)과는 다른 양상을 보인다. 또한 (1)은 과거부터 표준중국어에서 자연스럽게 사용되었던 문장이지만 (2)는 남방 방언에서만 자주 사용되던 문형으로 현대 표준중국어에서는 어색한 문장으로 취급되었던 문장이기도 하다. 왜냐하면 현대 표준중국어에서 '有'가 동사 빈어를 취할 때는 2음절의 명동사(名动词)이어야 한다는 제약이 존재해 왔기 때문이다. 따라서 본 장에서

는 (1)과 같이 명동사(名动词) 빈어를 갖는 有+VP 구조를 '有+VP₁' 형식이라 칭하고, (2)와 같이 명동사(名动词)가 아닌 VP를 취하는 有+VP 구조를 '有+VP₂' 형식이라 칭하여 이 두 형식간의 차이점과 의미 변화를 논하고자 한다.

1.1. '有+VP₁' 형식의 특징

'有+VP₁' 형식에서는 명사와 동사의 성질을 겸할 수 없는 동사는 '有'와 결합할 수 없다. 또한 음절수의 제약도 존재해서, 대부분 2음절의 동사만을 선호하였고, 1음절 동사가 결합하는 경우는 극히 드물었다. '有'가 취하는 1음절 동사는 '有吃有喝', '有来有去'와 같이 有X有Y 구조의 서로 대칭되는 동사가 존재하는 경우에만 허용되거나 고대 중국어의 영향으로 존재하는 '有失体统', '有教无类'와 같은 고정격식에만 존재하는 경우가 대부분이었다. 따라서 HSK 甲, 乙 단어에 속하는 동사 941개 가운데 '有'와 결합하여 '有+VP₁' 형식을 이루는 동사는 다음의 70개에 불과하다.

安排, 帮助, 比赛, 表示, 表现, 表演, 表扬, 病, 打算, 发现, 发展, 辅导, 活, 检查, 介绍, 考试, 劳动, 讨论, 提高, 研究, 演出, 影响, 预习, 增加, 准备, 保留, 保证, 报道(报导), 补充, 布置, 测验, 重叠, 重复, 处分, 创造, 促进, 登记, 调查, 对比, 反抗, 反应, 反映, 吩咐, 分析, 改进, 改善, 号召, 合作, 呼吸, 交流, 解答, 解释, 进步, 救, 浪费, 批判, 启发, 试验, 调整, 危害, 误会, 牺牲, 限制, 选择, 训练, 议论, 招待, 争论, 指导, 作用

이상의 동사는 모두 명사화가 가능한 동사로 분류된다. 또한 '有'와 결합하여 '有+VP₁' 형식을 형성할 때, 동사적 성질을 잃고 명사적 성격을 지닌다. '有+VP₁' 형식에서 동사가 '有'와 결합하여 명사의 성질을 가진다는 점은 朱德熙(1985)에서 제시된 다음의 방법을 적용하여 확인해 볼 수 있다.

첫째, '有'와 결합한 동사는 더 이상 자신의 독립적 빈어를 취할 수 없다. 따라서 자신의 빈어를 필수논항으로 가졌던 타동사가 '有'와 결합하면 동사의 빈어 성분은 앞으로 전치하여 개사구로 표현해야 한다.

(1) *他有研究山东方言。
他对山东方言有研究。
그는 산동 방언에 대해 연구했다.

(2) *这或许有帮助你。
这或许对你有帮助。
이것은 아마도 너에게 도움이 된다.

둘째, '有'와 결합한 동사는 부사의 수식을 받을 수 없다.

(3) *他对山东方言有马上研究。
(4) *这或许对你有彻底帮助。

셋째, '有'와 결합한 동사는 보어를 취할 수 없다.

(5) *他对山东方言有马上研究一次。

(6) *有补充进去

(7) *有交代清楚

(8) *有训练完

넷째, '有'와 결합한 동사는 상표지를 취할 수 없다.

　(9) *他对山东方言有研究了。

(10) *有影响过

(11) *有贡献了

(12) *有改造着

다섯째, '有'와 결합한 동사는 형용사의 수식을 받는다. 일반적으로 동사는 부사의 수식을 받지만, '有'와 결합한 동사는 명사화되었기 때문에 명사를 수식하는 형용사의 수식을 받게 된다.

(13) 他对这件事有了深入的调查。

　　　그는 이 일에 대해 심도 있는 조사를 하였다.

(14) 他的学习成绩有了很大的进步。

　　　그의 학업 성적은 큰 진전이 있다.

이상과 같이, '有'와 결합한 동사는 명사화되기 때문에 더 이상 동사로서 자신의 독립적 빈어를 취할 수도 없고, 부사의 수식을 받을 수 없으며, 보어와 상표지도 취할 수 없는 것으로 보인다. 이러한 이유로 '有'와 결합한 동사 앞에는 '个', '些', '点儿', '所'와 같은 명사 앞에 붙는 양사나 조사가 사용되기도 한다.

(15) a. 这件事, 你应该对党内群众有个交代。

　　이번 일에 대해서 너는 반드시 당내 사람들에게 설명해야

　　만 한다.

　b. 我有些喜欢她了。

　　나는 그녀를 조금 좋아하게 되었다.

　c. 她看起来有点儿害怕。

　　그녀는 조금 무서워하는 것처럼 보였다.

　d. 玩网游对工作生活有所帮助。

　　인터넷 게임은 작업 활동에 조금 도움이 된다.

　　한편 '有+VP₁' 형식에서 '有'는 여전히 동사적 기능을 수행한다. 왜냐하면, '有+VP₁' 형식에서 '有'는 '소유'의 의미를 보유하며, 여전히 부사의 수식을 받을 수 있고, 상표지를 취하기 때문이다.

(16) 他的学习成绩很有进步。

　　그의 학업성적은 진전이 있다.

(17) 传统语言学家对生成语法都有反感。

　　전통언어학자들은 생성어법에 반감이 있다.

(18) 今年的年产量有增加。

　　올해의 년생산량은 증가 되었다. (증가가 있다.)

(19) 国民总产值有了上升。

　　국민 총생산이 상승하였다.

(20) 我曾与他们有过交往。

　　나는 이전에 그들과 교류한 적이 있다.

　　(16-18)에서 '有'의 의미는 내적 소유 유형인 '존재'의 의미로 해석되고, 통사적으로 부사어 '都', '很'이 '有' 앞에 놓여 '有'를 수식

하고 있다는 점[69])은 '有'가 동사적 성격을 유지하고 있음을 보여준다. 한편, (19-20)에서 상표지 '了$_1$'과 '过'의 위치는 '有'의 동사 빈어가 아닌 '有' 뒤에 놓이고 있다. 상표지는 동사 뒤에 놓이는 성분이라는 점을 고려하면 이점 역시 '有'가 동사적 성질을 보유하고 있음을 증명해준다.

이와 같이, '有+VP$_1$' 형식에서 '有'는 동사적 성격을 보유하고 있으며, 때문에 '有'와 결합한 동사는 명사화되어 빈어로서 해석되는 것이다. 이러한 특징으로 인해서 '有+VP$_1$' 형식에서 부사의 위치는 동사의 기능을 하는 '有' 앞에 놓으며, '有'와 결합하는 동사는 명사화될 수 있는 명동사(名动词)만이 가능하다. 그러나 우리는 '有+VP$_1$' 형식에서 '有'가 동사적 성질을 보유하고 있음에도 불구하고, 문장에서 의미상 중심동사의 역할은 하지 않고 있다는 점은

---

69) 有+VP$_1$ 형식에서 '有' 앞에 부사어가 필수적인 예도 존재하는데, 그 예는 다음과 같다.
  (1´) a. *我对这件事有忽视。
      b. 我对这件事多有忽视。
        나는 이 일에 대해 매우 소홀했다.
  (2´) a. *他自己会有选择。
      b. 他自己会别有选择。
        그는 스스로 다른 특별한 선택을 했다.
  (3´) a. *老师有考虑。
      b. 老师另有考虑。
        선생님은 다른 고려 사항이 있다.
  (4´) a. *她对这件事有觉察。
      b. 她对这件事似多有觉察。
        그녀는 이 일에 대해서 많은 깨달음이 있다.
  (1´-4´)에서 각각의 부사 '多', '别', '另', '多'는 의미상으로 동사 빈어를 한정해주는 성분으로 동사빈어를 의미지향하고 있다. 그러나 '有'가 이 문장에서 동사적 성분으로 취급되기 때문에 각각의 부사의 위치는 '有' 앞에 위치한다.

주의할 필요가 있다.

(21) 这件事, 你应该对党内群众有个交代。
(21´) 你应该对党内群众交代这件事。
　　 이번 일에 대해서 너는 반드시 당내 사람들에게 설명해야만
　　 한다.

　(21)에서 의미상 중심동사의 역할은 '有'가 아닌 동사빈어 '交代'
가 담당한다. 때문에 이러한 '有'에 대해 기존의 연구에서는 허화
가 이루어졌다고 설명하기도 한다. 또한 이 때 '有'는 기존에 의미
가 허화되어 형식적으로 자리를 채우는 동사라고 분류되어 왔던
형식동사70) '作', '进行', '加以', '给以', '给予'와 유사한 특징을 갖
는다. 이러한 이유로 손경옥(2003)은 '有'를 형식동사로 분류하였다.
형식동사의 특징을 요약하면 다음과 같다.

　① 생략하여도 문장의 기본적 의미에 크게 변화를 주지 않는다.
　② 2음절 동사를 빈어로 취하며, 결합되는 동사 빈어의 품사를 동
　　 사에서 명사로 바꾼다.
　③ 초점표지사로서 초점화, 주제화를 일으키는 기능을 한다.

---

70) 형식동사(dummy verb)란 그 자체의 고유한 의미가 없고 동사로서의 형식적 기능만
　　보이는 동사이다. 중국어에서도 통사적으로 동사의 위치에 있지만 문장의 중심 술
　　어의 의미를 자신이 담당하지 못하고 빈어가 담당하게 하는 进行, 作, 加以, 给以,
　　给予와 같은 동사를 '형식동사'라고 부른다. 형식동사는 형식동사(吕叔湘 1980, 周刚
　　1986, 李临定 1990)라는 명칭 외에도 '虚仪动词(袁杰·夏允贻 1984, 文炼·袁杰
　　1990)', '虚化动词(朱德熙 1985)', '先导动词(范晓 1987)', '无色动词(宋玉珂 1982)',
　　'傀儡动词(言久圣 1981)', '代动词(阵宁萍 1987)', 혹은 '非名词宾语를 수반하는 동사'
　　(胡裕树 등 1981, 黄伯荣 1980, 蔡文兰 1986) 등의 명칭을 사용하기도 한다. (김선아
　　(2002)에서 인용)

④ 중첩이 불가능하며, 단독으로 사용할 수 있다.

(21)에서 통사적으로 동사 위치에 있는 '有'를 생략하여 (21')와 같이 표현하여도 의미의 큰 차이는 존재하지 않는다. 즉 '有'는 문장 내에서 중심 술어 역할을 하지 못하고 문장의 중심 술어 역할은 '有'의 빈어인 '交代'가 담당하고 있다는 것을 말해준다. 즉, (21)의 '有'는 의미상으로 중심술어 역할을 하지 못한다는 점에서 형식동사의 특징을 만족시킨다.

두 번째로 '有'는 빈어로서 명사가 아닌 2음절 동사 '交代'와 결합하였다. 또한 원래 동사였던 '交代'는 '有'의 빈어가 되면서 더 이상 동사가 아닌 명사적 성질을 가짐을 명량사 '个'를 취했음을 통해 확인해 볼 수 있다. 이는 형식동사가 2음절 동사를 취하여 동사를 명사화시킨다는 특징 역시 만족시킨다.

세 번째로 형식동사의 화용적 기능인 주제화와 초점화를 살펴보면, 형식동사 '有'를 사용하지 않은 (21')에서 문장의 초점은 문미에 있는 '这件事'이다. (21)에서 '有'가 도입되면 '交代'는 문미로 이동하게 되어 자연히 초점은 '交代'에 놓이게 된다. 또한 원래 문미이자 빈어 위치에 있었던 '这件事'은 더 이상 '交代'의 빈어 위치에 놓일 수 없어 전치하게 됨으로 주제화 역시 동시에 일어난다. 따라서 '有'는 형식동사의 초점화와 주제회의 기능 역시 가지고 있는 것으로 보인다.

마지막으로 '有'는 형식동사와 마찬가지로 중첩형식을 가지지 못하고 단독으로 사용할 수 없다는 특성을 갖는다.

(22) a. *这两项指标都有有下跌。
    b. *这两项指标都有。
        이 두 지표 모두 하락하였다.

이상과 같은 점에서 필자는 '有＋VP₁' 형식에서 '有'는 '형식동사'의 성질을 갖고 있다는 점에 동의한다. 그러나 손경옥(2003)이 '有'의 의미가 완전히 허화된 형식동사로 보는 견해와 달리 이 때, '有'는 의미, 통사적으로 여전히 '소유'의 동사적 성질을 유지하고 있다고 본다. 앞서 지적했듯이 이 때 '有'는 품사적으로도 부사와 상표지를 그대로 취할 수 있는 동사적 성질을 그대로 유지하고 있기 때문이다. 이 점은 '有'를 형식동사로 간주할 수 있는지에 관한 논쟁이 계속해서 있어 온 이유이기도 하다. 다른 형식동사는 동사적 성질을 거의 잃어 통사적으로도 상표지 결합이 제한적이었고, 부사의 수식은 받을 수 없기 때문이다. 또한 의미적으로도 이 때 '有'는 내적 소유의 유형으로서 '그릇 은유'의 영상 도식과 일치한다. 앞서, 제시한 (18-20)을 영상도식으로 나타내면 다음과 같다.

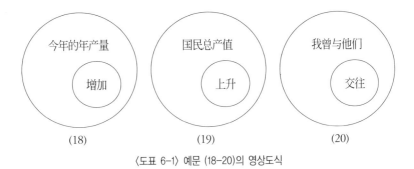

      (18)   (19)   (20)

〈도표 6-1〉 예문 (18-20)의 영상도식

(18-20)은 '금년의 생산량', '국민 총생산', '내가 그들과 맺는 관계'를 그릇으로 보고, 그것이 갖는 성질로서 '증가', '상승', '교류'를 소유하고 있다는 의미로 파악된다. 즉, '有+VP' 형식은 소유주와 소유대상이 각각 구체적인 존재를 나타내는 것에서 추상적 존재로 전이되면서 나타난 '소유'의 유형으로 볼 수 있다. 때문에 '有+VP$_1$' 형식은 문법화 과정에서 '개념의 전이'의 단계인 '은유' 과정에 속한다고 파악된다. Bybee et al(1994 : 297)에 따르면 '은유'는 문법화의 초기에 작용하는 기제이다. 즉, '有+VP$_1$' 형식은 문법화 진행 단계의 초기 모습을 보인다고 볼 수 있다.

1.2. '有+VP$_2$' 형식의 특징

'有+VP$_2$' 형식은 '有'가 명동사(名动词)가 아닌 동사와 결합하는 구조로 남방 방언에 많이 존재해왔었다. 북방에서 문법적으로 허용되었던 '有+VP$_1$' 형식에서 결합 가능한 동사에 제약이 존재했던 것과 다르게, 남방에서는 '有'와 결합할 수 있는 동사가 비교적 다양하다. 따라서 2음절의 명사화가 가능한 일부의 동사에 한해서 제한적으로 형성되었던 '有+VP'의 구조가 남방에서는 비교적 자유롭게 등장한다. 즉, '有+VP$_2$' 형식에서는 '有+VP$_1$' 형식에서 존재하였던 동사 제약이 나타나지 않는다.

첫째, 명동사(名动词)로 구분되지 않았던, 1음절의 단독 동사가 '有'와 결합할 수 있다.

(1) 他今天上午有来。

그는 오늘 오후 왔다.

(2) 那件衣服她昨天有穿。

그 옷은 그녀가 어제 입었다.

(3) 那个节目我们有看。

우리들은 그 프로그램을 봤다.

둘째, '有'와 결합한 동사가 빈어를 취하거나 보어를 취할 수 있다.

(4) 昨天有夏习功课。

어제 강의 내용을 복습했다.

(5) 以前我有来北京两次。

이전에 나는 북경을 두 번 왔었다.

셋째, 주술구조나 겸어구조, 연동구조의 구가 '有'의 빈어가 될 수 있다.

(6) 你真的有一个人打倒三个吗?   (주술구조)

너 정말로 한명이 세 명을 상대해서 쓰러뜨렸니?

(7) 昨天他有教我做美式蛋糕。   (겸어구조)

어제 그는 나에게 미국식 케이크 만드는 것을 가르쳐주었다.

(8) 我有去厦门大学拜访他。   (연동구조)

나는 하문대학을 가서 그를 방문했다.

이상과 같이 과거 남방 방언에서만 문법적으로 허용되었던 '有 +VP₂' 형식에서 동사의 특징을 살펴보면, 2음절의 명동사(名动词) 가 아닌 다수의 동사가 결합이 허용되었고, '有'와 결합한 후의 동사는 그대로 동사적 성질을 가지고 있어서 자신의 보어나 빈어를 취할 수 있다는 점을 알 수 있다. 또한 '了', '过'와 같은 상표지도 '有'가 아닌 동사에 놓인다는 점에서 '有'의 동사적 성격이 허화되고, 동사가 문장에서 동사적 지위를 차지하고 있음을 확인해볼 수 있다.

(9) 我有去过北京。
    나는 북경에 갔었다.
(10) 你有看过洪老师的表演吗?
    너는 홍선생님의 공연을 보았니?

한편, '有+VP$_2$'형식과 '有+VP$_1$' 형식의 또 다른 차이점은 '有+VP$_2$' 형식에서는 '有'의 소유와 존재를 나타내었던 동사적 의미가 허화되었다는 점이다. 이러한 점은 '有+VP$_2$' 형식의 예문에서 '有'를 '소유'나 '존재'의 의미로 해석했을 경우, 어색하거나 억지스러운 해석이 된다는 점에서 나타난다. 즉, '有+VP$_2$' 형식에서 '有'는 동사적 의미인 '소유'나 '존재'의 의미가 허화되어 '완료'의 의미로 해석되거나 사건의 발생을 긍정하는 '강조'의 의미로 해석된다. 한편, '有+VP$_2$' 형식에서 거의 모든 동사가 '有'와 결합이 가능하지만 '有'와 결합할 수 없는 동사가 일부 존재하는데, 이들은 '관계동사'와 '조동사'에 해당된다.

(11) 관계동사
    *我有姓洪。
    *小李有是北京人。

   *那种话几乎有等于骂人。
   *结婚歌曲有适合婚礼的歌曲

 (12) 조동사
   *他有会开汽车。
   *他两点有能回来。
   *明天有会下雨。
   *咖啡有可以提神。
   *我有应该多锻炼。
   *他有要去中国。

이상과 같은 점에서 '有+VP₂' 형식에서 '有'의 '소유'와 '존재'의 원의미는 상당부분 허화되어 '완료'나 '강조'의 의미로 문법화되어 있고, '有'와 결합한 동사는 명사화되지 않고 동사적 성질을 그대로 유지하고 있으며, 결합 가능한 동사의 제약이 거의 존재하지 않는다는 점을 확인해볼 수 있다.

2. 후기 문법화 有+VP₂ 형식

2.1. '有'의 강조 표지 기능

'有'가 사건의 현실성을 강조하는 용법으로 사용되는 예는 주로 남방에서 많이 사용되어 왔다. 施其生(1996)은 粤语에서 '有'는 동사가 나타내는 사건의 긍정을 강조하는 기능을 담당하고, 형용사를 수식하는 '会'와 비슷한 역할을 한다고 지적하였다.

    (1) a. 者花雅。(这种花好看。)
       b. 者花会雅。(这种花好看。)
        이 꽃은 예쁘다.

  (1)에서 a가 단순한 진술문이라면, '会'가 부가된 b는 형용사 '雅'의 상태가 현실화되었음을 강조하고 있다. 따라서 粤语에서 '会'는 뒤에 나오는 형용사를 강조하는 역할을 한다고 볼 수 있다. 이러한 점을 고찰하면서, 施其生은 형용사의 현실성을 강조하는 성분이 '会'라면, 동사 성분의 현실성을 강조하는 성분이 바로 '有'에 해당된다고 지적하였다. 예를 들어 남방 방언 속의 '他有来过。'에서 '有'는 동사 '来'의 현실성을 강조하는 성분이 되는 것이다. '有' 외에도 남방 방언에서 사건의 현실성을 강조하는 부사로는 '确实', '的确'가 있다. 그러나 施其生(1996)은 정태부사 '确实'와 '的确'는 현실성의 강한 긍정을 나타낼 때 사용되고, '有'는 현실성의 약한 긍정을 나타내는 데 사용된다고 지적한다.

    (2) a. 我看到他了。
       b. 我有看到他了。
       c. 我确实看到他了。
        나는 그를 보았다.

  (2a)가 단순한 진술문이라면 (2b)는 약한 긍정이고, (2c)는 '看到他'라는 사실에 대한 강한 긍정이다. 즉, 방언 속에서 '有'는 뒤에

나오는 동사 성분의 현실성에 대한 강조를 나타내지만 '确实'와 '的确'보다는 약한 긍정의 의미를 나타낸다.

한편, 표준중국어에서는 강한 긍정 표지로는 남방 방언에서와 동일한 '确实'와 '的确'와 같은 정태부사를 사용하지만 약한 긍정을 표시하는 표지는 존재하지 않았다. 대신에 실제 발화에서는 중음(重音)으로 읽는 것으로 약한 긍정의 의미를 표현하였다. 따라서 진술문과 강한 긍정 발화의 중간 위치에 놓이는 '약한 긍정'의 표지가 표준중국어에서는 부재하여 왔는데, 최근 들어 남방 방언에서의 이러한 쓰임이 전파되면서 표준중국어에도 이러한 어기 표현에 '有'가 사용되고 있다.

> (3) 你有没有见过他?
>> a. 我有见过他。
>> b. 我见过他。
>>> 나는 그를 만난 적이 있다.
> (4) a. 我有去过北京。
>> b. 我去过北京。
>>> 나는 북경에 간 적이 있다.

(3-4)에서 '有'가 사용된 a는 동사 성분의 현실성에 대한 강조의 의미를 담고 있다. 따라서 (3a)는 그를 만난 사실이 이미 실현되었음을 강조하고, (4a)는 북경에 간 사실이 실현되었음을 강조한다. 즉, 남방 방언에서 사용되던 '有'의 동작 실현에 대한 약한 긍정의 용법이 북방에서 사용빈도가 증가함에 따라 '有+VP$_2$' 형식도 다양

해지고 있다. 그렇다면 남방에서 '有'의 용법이 '강조'의 용법으로 발전할 수 있었던 기제는 무엇일까? 이것은 '有'의 성격과 '有'의 빈어의 특징에서 기인한다. 앞서 지적하였듯이 범언어적으로 소유동사는 존재동사로 파생되고, 파생된 존재동사는 존재를 지칭하는 지정문으로 확장된다. 이러한 확장이 일어나는 이유는 소유한다는 것은 화자의 인지 속에 지칭하는 소유대상이 반드시 존재하는 것을 전제로 하기 때문이다. 즉, '有'의 빈어는 그 자체가 지칭적 속성을 지니고 있기 때문에 어떠한 성분이든 '有'의 빈어가 되면 '지칭성'을 지닌다고 할 수 있다. 이러한 이유로 '有'가 동사 빈어를 취하는 경우라도 동사 성분이 '有'의 빈어의 위치에 있게 되면 '지칭성'의 의미를 갖게 되어, 문장의 초점 성분으로 더욱 부각되기 때문에 '강조'의 의미를 갖게 되는 것이다. 즉, '有+VP$_2$' 형식에서 나타나는 '有'의 문법화된 의미인 '강조'의 의미는 우연히 확장된 의미가 아니라 '有' 자체의 의미와 빈어의 성질에 의해 필연적으로 발전한 인지의 산물이라고 볼 수 있다.

한편, 강조를 나타내는 '有'가 사용되는 환경을 살펴보면, 일반적으로 상표지나 시간부사가 사용된 '有+VP$_2$' 형식에서 사용되는 경향이 있다. 상표지나 시간부사가 있는 경우, '有+VP$_2$' 형식에서 '有'는 사건의 실현성에 대한 강조만을 나타내는 성분이기 때문에 문장에서 생략이 가능하다. 이와 달리, 문장에서 다른 상표지가 없는 '有+VP$_2$' 형식에서 '有'는 완료를 나타내는 상표지 기능을 한다. 따라서 상표지 역할을 하는 '有'는 문장에서 생략할 경우, 의미가 달라지기 때문에 생략이 불가능하다. 이와 달리 상표지나 시간

부사가 문장에서 존재하여 '有'가 강조의 역할을 하는 문장에서 '有'는 생략이 자유롭다. 陈琳(2007)은 '有+VP' 형식에서 '有'가 생략이 가능한 경우를 지적하였는데, 제시한 예문에는 모두 시간부사 혹은 상표지가 포함되어 있다. 다음의 예를 보자.[71]

(5) 刚刚有偷偷地问了一下。

  → 刚刚偷偷地问了一下。

    어제 그는 老李와 싸웠다

(6) 我有见过飞碟。

  → 我见过飞碟。

    나는 UFO를 본적이 있다.

(7) 你母亲住在医院几个月了, 你有去过吗?

  → 你母亲住在医院几个月了, 你去过吗?

    너희 어머니가 병원에 입원한지 몇 개월이 지났는데 너는 가본적 있니?

(8) 爸爸最近有给你打过电话吗?

  → 爸爸最近给你打过电话吗?

    아버지께서 그 때 너에게 전화를 했니?

(9) 你有被他自己的电影感动过吗?

  → 你被他的电影感动过吗?

    너는 그의 영화에 감동받은 적 있니?

(5-9)의 '有+VP₂' 형식은 상표지 또는 시간부사가 사용되고 있다. (5)에서는 시간부사 '刚刚'과 상표지 '了'가 사용되었고, (6)은

---

71) (5-9)는 陈琳(2007)이 '有+VP' 형식에서 '有'를 생략해도 되는 예문으로 제시한 것이다.

상표지 '过'가 사용되고 있다. (7)에서는 과거 시제를 나타내는 후
속문장으로 상표지 '过'가 함께 사용되고 있으며, (8)에서는 시간부
사 '最近'과 상표지가 사용되었고, (9)는 상표지 '过'가 사용되고 있
다. 이와 같이 상표지 혹은 시간부사가 이미 사용된 有+VP$_2$ 형식
에서 '有'는 사건의 현실성을 강조하는 강조용법으로 기능하기 때
문에, 이 경우 '有'는 문장에서 생략이 가능하다.

2.2. '有'의 완료상(perfect) 표지 기능

'완료상(perfect)'이란 동작이 과거에 일어났고 그 동작이 현재와의
관련성을 맺고 있는 것을 나타내는 상의 개념이다.[72] 완료상의 전
형적인 예로는 영어의 'Have+과거 분사' 구문이 자주 인용된다.
그런데 영어의 완료상 표지에 소유동사 'have'가 사용되는 것과 유
사하게 중국어의 남방 방언에서도 '有'가 이러한 완료상의 표지로
사용된 예를 쉽게 찾아볼 수 있다.

   (1) 我有打他。
      나는 그를 때렸다.
   (2) 你们有打架吗?
      너희들 싸웠니?

---

[72] 최해영(1995)에 따르면, 완료상(perfect)의 상적 의미는 현재 관련성, 결과, 완료, 경
    험(초월상) 등을 포함하고, 완료상의 비상적(非相的) 의미는 불확정 과거, 기저 과거
    와 확대 현재 등의 의미를 포함한다. 자세한 내용은 최해영(1995)를 참고할 것.

(1-2)에서 '有'는 '완료'의 의미를 나타낸다. 최근 이렇게 '有'가 완료의 의미로 사용되는 '有+VP₂' 형식은 북방에서도 증가하고 있는 추세이다. 한편, '有'가 완료의 의미로 사용되는 예문을 살펴보면, (1-2)와 같이 시간부사나 상표지가 문장 내에 존재하지 않는 경우가 대부분이다. 이러한 점은 앞서 지적하였던 '有'가 '강조'의 용법으로 사용된 경우와 차이를 보인다. 또한 상표지 혹은 시간 부사가 사용되지 않은 '有+VP₂' 형식에서 '有'는 완료를 나타내는 상표지로서 기능하기 때문에 생략할 경우 의미가 달라져서 생략이 자유롭지 못하다. 陈琳(2007)은 '有+VP' 형식에서 '有'가 생략이 불가능한 경우를 지적하였는데, 제시한 예문 속에는 시간부사 또는 상표지가 존재하지 않는다. 다음 예문을 보자.[73)]

(3) 我们也有劝老板。
    ⇒ 我们也劝老板。
       우리들도 사장님을 설득했었다.

(4) 我们有带。
    ⇒ 我们带。
       우리들은 가지고 왔다.

(5) 我有问你意见吗?
    ⇒ 我问你意见吗?
       제가 당신에게 의견을 물었었나요?

(6) 你老婆有烧东西给他吃吗?
    ⇒ 你老婆有烧东西给他吃吗?

---

73) (3-6)은 陈琳(2007)이 '有+VP' 형식에서 '有'의 생략이 불가능한 예문으로 제시한 것이다.

너의 와이프는 그에게 음식을 만들어 주었니?

(3-6)과 같은 '有+VP₂' 형식에서 상표지와 시간부사는 나타나 있지 않다. 이러한 형식에 사용된 '有'는 완료의 기능을 담당한다. 따라서 문장에서 '有'를 생략할 경우 의미의 변화가 나타나기 때문에 자유롭게 생략할 수 없다. 또한 (3-6)과 같이 '有'가 완료의 기능을 담당하는 '有+VP₂' 형식은 북방에서 완료를 나타내는 또 다른 상표지인 '了'[74]로 나타낼 수 있다. 따라서 (3-6)은 (3´-6´)와 같이 호환하여 표현가능하다.[75]

(3´) 我们也劝老板了。

---

[74] 현대 표준중국어에서 완료상의 표지로서 '了'가 널리 알려져 있다. 그러나 사실상 '了'의 용법은 '了₁'의 용법과 '了₂'의 용법으로 나누어져 각각 다른 상의 개념을 나타내는데, '了₁'은 완결상(perfective)의 표지이고, 완료상(perfect) 표지를 나타내는 것은 '了₂'이다. 따라서 '有'와 대응되는 '了'는 '了₂'의 용법이다.
'완결상'이란 상황의 내적 시간 구성을 '시간, 전개, 종결'로 분할하지 않고 상황 전체를 보여주는 것이고, 비완결상이란 상황을 분할하여 어느 한 국면만을 보여주는 것이다. 이와 같은 '완결상'의 개념은 '완료상'과 확실히 구별되는 개념이다. 완결상이 상황 전체를 하나로 보여주는 상의 개념이라면 '완료상'은 과거의 상황이 현재와 관련을 맺고 있는 것을 뜻하기 때문이다.

[75] 중국어에서 완료상의 의미를 전달하는 표지 '有'가 동사와 결합하여 완료상의 의미를 나타내는 경우, 대부분 '了₂'로 대체 가능하다. 따라서 현대 표준중국어에서 '有+VP' 형식은 'VP了₂'형식으로 종종 호환하여 사용된다. 다음 예문은 石毓智(2004)에서 인용한 예문이다.

(1) 他的英文水平有提高。 ＝ 他的英文水平提高了。
그의 영어 수준이 높아졌다.
(2) 他们的工作条件有改善。 ＝ 他们的工作条件改善了。
그들의 근무 조건이 개선되었다.
(3) 这里的经济有发展。 ＝ 这里的经济发展了。
이곳의 경제는 발전되었다.
(4) 他的学习成绩有进步。 ＝ 他的学习成绩进步了。
그의 공부 성적이 향상되었다.

(4´) 我们带了。
(5´) 我问你意见了吗?
(6´) 你老婆烧东西给他吃了吗?

이러한 점에서 중국어는 세계 언어의 완료 표지에서 나타나는 유형이 동시에 존재한다는 특징을 지닌다. 石毓智(2004)에 따르면, 인류 언어의 완료상 표지 유형은 크게 두 가지로 구분할 수 있다. 한 유형은 완료 의미의 동사가 완료상 표지로 사용된 것이고 다른 유형은 소유동사가 완료상 표지로 사용된 유형이다. 첫 번째 유형에 속하는 언어에는 Kammu, Sango 등이 있고 두 번째 유형에 속하는 언어는 영어, 불어, 이탈리아어, 스웨덴어, 포르투갈어, 스페인어 등이 있다. 이러한 세계 언어의 완료상 발달 양상을 고려할 때, 중국어의 경우 북방에서는 완료의미의 동사에서 파생된 '了'가 발달하였고 남방에서는 소유동사에서 파생된 '有'가 동시에 발달하였다는 점에서 세계 언어의 완료 표지의 두 경향을 모두 갖고 있는 언어로 볼 수 있다. 또한 북방에서 완료의 긍정 표현에는 '了'를 사용하고, 완료 부정에는 '没有'를 사용하는 비대칭적 양상 역시 중국어가 세계 언어의 두 가지 완료 양상을 모두 지니고 있음을 보여준다.

그렇다면 왜 중국어를 비롯한 많은 언어들에서 소유동사가 완료상의 표지로서 사용될 수 있는 것일까? 이와 관련하여 Langacker(1987)는 소유동사와 완료상이 의미적으로 내적 대응관계를 이루고 있다고 설명한다.

소유동사	완료상
1. 과거 어떤 시기의 '소유'	1. 과거 어떤 시기에 발생한 행위
2. 현재 가지고 있는 용도	2. 이 행위와 현재의 관련성

〈도표 6-2〉 소유동사와 완료상의 대응 양상

위의 표와 같이 '소유동사'는 과거 어떤 시기의 소유라는 사건을 통해 현재 용도를 가지는 상태에 있음을 의미한다. 또한 이러한 점은 과거 어떤 시기에 발생한 행위와 그 행위와 현재의 관련성을 나타내는 완료상과 내재적 대응관계를 이룬다고 보고 있다. 왜냐하면, 소유동사가 나타내는 의미와 완료상이 나타내는 의미 모두 어떤 사건이 일어난 이후, 그 사건의 영향이 현재까지 유지되고 있음을 의미하기 때문이다. 이러한 '소유'와 '완료상'의 의미관계가 언어에서 어떻게 실현되어 완료상 표지로 사용되었는지 다음 영어의 예를 통해 살펴보자.

영어에서 소유동사 'have'는 과정의 마지막에 초점을 두는 '과거분사'와 결합하여 동작의 결과를 소유하고 있다는 의미에서 '어떤 상태를 유지하다'의 의미를 도출한다. 따라서 Langacker는 소유동사 'have'가 완료의 의미로 사용되어 동사와 결합할 때는 동사가 반드시 과거분사의 형태를 지니고 있어야 한다고 지적한다. 동작동사는 과정(process)을 묘사하고, 이 과정은 반드시 시간 개념에 의해 나타내어진다. 그러므로 시간이 지나감에 따라 동작 동사의 모습도 조금씩 달라진다. 달라지는 동사의 여러 모습 중 마지막 장면에 초점을 두어 결과를 나타내는 의미구조가 과거분사이다. 이에 대해, Langacker(1987 : 221)는 현재분사가 상황의 중간을 나타내어

상태화하는 반면, 과거분사는 동사의 동작 과정 중에서 마지막 상태
만을 초점으로 하여 나타낸다고 설명하였다.[76] 다음 그림을 보자.

(7a) go   (7b) gone

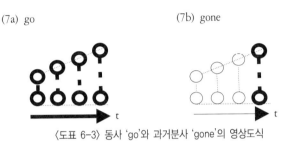

〈도표 6-3〉 동사 'go'와 과거분사 'gone'의 영상도식

　〈도표 6-3〉에서 굵은 선으로 나타낸 부분은 윤곽으로 드러난
부분이다. (7a)의 'go'는 동사로서 동작의 과정을 지시한다. 즉, 'go'
는 일정한 기간 내에 연속적으로 일어나는 일련의 관계 형상을 윤
곽으로 나타낸다. 한편, 과거분사 'gone'의 바탕은 'go'에 의해 윤
곽으로 드러나는 과정이다. 단, 이때 'gone'의 의미는 'go'의 윤곽
에서 마지막 상태에 국한시키게 된다.[77]

　이와 유사하게 Parson(1990 : 231)은 완료상이란 어느 시점에 어떤

---

76) The stative participle(past-participle) designates only the final state in the overall
process. The evolution of situation through time is thus a prominent facet of the
participle's meaning, but it is confined to the base and left unprofiled.(Langacker
(1987 : 221))

77) 이와 같이 비슷한 의미를 갖는 단어들은 주어진 바탕에서 서로 다른 하부구조를 윤
곽으로 드러나는 것에 의해 의미 구별이 이루어진다. 따라서 의미값은 바탕이나 윤
곽의 어느 한 쪽에 있는 것이 아니라 이들 사이의 관계에 있다. 이러한 의미 구조는
관습적 영상을 포함하고 있다. 인지 문법에서 영상이라는 용어는 언어로 표현하고
자 하는 상황을 여러 가지 다른 방법으로 구조화하거나 해석하는 심리적 능력을 지
칭한다. 또한 이 영상 때문에 비슷하게 보이는 두 개의 어휘가 다른 의미를 가질 수
있다.

상태를 'hold'하는 것이라고 밝히고 있다. 예를 들어 'Mary has eaten.'은 Mary가 지금 어떤 상태에 있으며 그 상태는 과거의 어느 시점에 진행 중인 사건(event)에 해당하는 'having eaten'의 결과 상태가 현재까지 유지하고 있음을 말한다고 한다. 즉 완료상이란 동작 과정의 결과적인 상태(resultant state)를 의미한다고 보고 있다. 이와 같이 'have'가 어떤 상태를 'hold' 한다는 개념은 Langacker를 비롯한 인지문법에서 'have'가 사건의 영향을 현재까지 유지시킨다는 의미와 동일하다.

그렇다면 중국어에서 소유동사 '有'는 완료상의 의미와 어떤 상관관계를 맺고 있을까?

'有'는 소유주와 소유대상이 'possession'의 의미 관계를 맺을 때, 동적인 개념보다는 에너지 흐름과 관련된 사건을 'holding' 하는 모습으로 지각된다. 또한 중국어에서 '有'와 결합한 동사가 명사화 되는 성질은 영어의 경우와 유사하다. '有'와 결합한 VP는 영어의 완료상에서 동작의 결과만을 나타내는 '과거 분사'처럼 동작 과정을 나타내지 않고 단지 동작의 결과만을 지칭하기 때문이다. 예를 들어 (12)에서 '有'와 결합한 동사 '研究'는 동작의 과정을 나타내지 않고, 단지 동작의 마지막 결과값만을 나타내어 '연구한 결과 상태'를 의미한다.

(8) a. 他研究山東方言。

　　b. 他对山東方言有研究。

　　　　그는 산동 방언에 대해 연구를 했다.

a. 研究

b. (有)研究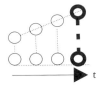

〈도표 6-4〉 동사 '研究'와 명동사 '研究'의 영상도식

즉, '有'가 동사와 결합할 경우, 동사가 명사화되는 '有+VP₁' 형식은 '有+VP₂' 형식에서 '有'가 완료상의 표지로 발전하는 초기 모습이라고 볼 수 있다. VP1이 명사화된다는 것은 영어에서 과거 분사의 설명인 '과정의 마지막을 상태화하여 가리키며, 동사의 마지막에 초점을 주는 것'이라는 설명과 일치한다. '有'는 동사 빈어와 결합할 때 동작 과정의 활성도를 떨어뜨리고 단지 동작 과정의 마지막을 상태화하여 가리키며 동사의 결과에 초점을 주는 역할을 하는 것이다. 즉, '有'와 결합한 동사가 명사화된다는 것은 영어의 용어를 빌리자면 '과거 분사'화 되었다고 할 수 있다. 이와 같은 점에서 '有+VP'는 영어의 'Have+P.P'의 구조와 매우 유사하다.

이상과 같은 소유동사와 완료상의 인지적 대응 관계에 따른 발전은 소유동사 '有'가 '완료'의 의미로 확장되는 기제로서 작용하였다.78) 또한 이 과정에서 '有'의 빈어가 갖는 지칭성은 동사의 결

---

78) 9세기 독어에서 소유의 의미인 'haven'은 동사와 결합할 때, 완벽한 완료상의 표지가 아니었다. 'haven'은 소유의 의미에서 1차적 확장의미에 속하는 존재의 의미를 제공할 뿐이었다. 그러나 10세기 이후로는 점차적으로 완료상의 표지로 발전하는 경향을 보인다. 따라서 '有+VP'의 형식에서 有가 완성상의 긍정 표지로 사용되는 사례가 차츰 늘어나고 있는 현상은 일반적인 언어 현상의 자연스러운 흐름이라고 볼 수 있다.

과값을 지칭하는 기제로서 작용하였다. 따라서 결과값을 지칭할 수
있어야 한다는 제약 때문에 명사화가 가능한 동사만이 '有+VP₁'
형식에서는 허용되었지만, 이것이 점차 일반화(generalization) 과정을
거쳐 거의 모든 동사가 '有'와 결합할 수 있게 되면서 현재 표준중
국어에서 증가하고 있는 '有+VP₂'형식이 등장하게 되었다고 판단
된다. 또한 이 과정에서 '有'의 소유의 원의미는 점차 허화되면서
완료상의 표지로서 자리잡게 된 것이다. 문법화 과정에서 '有+VP'
형식의 변화는 다음과 같다.

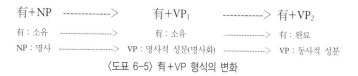

有+NP ------------> 有+VP₁ -----------> 有+VP₂

有 : 소유 -------------> 有 : 소유 -------------> 有 : 완료

NP : 명사 -------------> VP : 명사적 성분(명사화) -------------> VP : 동사적 성분

〈도표 6-5〉 有+VP 형식의 변화

2.3. 완결상(perfective)과 완료상(perfect)

Comrie(1976 : 16-25)는 '완결상(perfective)'의 정의를 '움직임의 시
작, 중간, 끝이 모두 포함된 완전한 상황(a complete situation with
beginning, middle, and end)'을 나타내는 것이라고 규정하고 있다. 따
라서 과거 시제문 'He read a book.'과 'He was reading a book'은
상에 있어서 차이를 보이는데 전자는 완결상(perfective)이고, 후자는
비완결상(imperfective)이라고 주장한다. 과거 시제로 표현된 전자는
내부 사건의 진행 과정의 구체적인 측면은 고려하지 않고, 전체 사
건을 외부에서 하나의 덩어리로 인식하는데 반하여, 후자는 'read'

의 동작 과정의 전개 과정을 분할하여 그 진행 상황을 나타내고 있다. 즉, '완결상'이란 상황의 내적 시간 구성을 '시작, 전개, 종결'로 분할하지 않고 상황 전체를 보여주는 것이고, 비완결상이란 상황을 분할하여 어느 한 국면만을 보여주는 것이다. 이러한 관점에서 Comrie는 '완결상'이 장면의 내부구조를 직접적으로 표현하지 않고, 그 객관적인 복잡성과는 관계없이 사건을 하나의 점으로 압축하는 효과를 가진다고 밝히고 있다. 그런데 여기서 점(point)의 개념은 내부의 복잡성을 미리 제거하는 것처럼 생각되기 때문에, '완료상'의 장면은 '점(point)'이라기보다는 오히려 '물방울(blob)'로 압축된다는 비유가 훨씬 이해하기 쉬울 것이라고 하였다. '물방울(blob)'은 하나의 제한된 상황으로 이루어진 물체이지만 3차원의 물체로 내부적인 복잡성을 가질 수 있기 때문이다. 이와 같은 '완결상'의 개념은 영어의 'have＋P.P' 구문에서 나타내는 '완료상'과 확실히 구별되는 개념으로써 완결상이 상황 전체를 하나로 보여주는 상의 개념이라면 '완료상'은 과거의 상황이 현재와 관련을 맺고 있는 것을 뜻한다. 이와 관련하여, 한동완(1999가 : 168-173)은 '완결상(perfective)'을 '외망상'이라 하고, 비완결상(imperfective)을 '내망상'이라고 하였다. '외망상'이란 상황의 기부, 핵부, 결부를 하나의 분석 불가능한 덩어리로 보는 것 곧 상황의 내재적 시간 성분에 관계없이 상황의 전체성(totality)을 외부로부터 바라보는 것이라 정의하면서, 완료상은 비완결상에 속하는 '내망상'에 속하는 것으로 보고 있다.

즉, 동작 행위의 마지막 시점의 상태를 'hold'한다는 의미로 현재와의 관련성을 나타내는 '완료상'의 개념은 상황이 종결된 뒤의 결과 상태를 유지하는 것을 나타내는 것으로 상황을 분할하여 '결과'라는 한 국면만을 보여주기 때문에 오히려 '비완결상'에 속하는 개념인 것이다. 이와 같이 완료를 비완결상으로 본 또 다른 견해로는 이재성(2001)이 있다. 이재성(2001 : 72)은 국어의 상 체계를 나타낼 때, 완료를 '부분상'에 넣고 있는데, 그가 제시한 국어의 상 체계는 다음과 같다.

> 상 ― 전체상
>   ― 부분상 ― 완료
>   ― 비완료

그가 제시한 '전체상'은 Comrie(1976)의 '완결상(perfective)'의 개념과 유사하고, '부분상'은 '비완결상(imperfective)'의 개념과 유사하다. 여기에서도 '완료상'은 사건을 분할하여 일부 국면만을 나타내는 '비완결상'에 속한다.

이와 같이 '완료상'의 개념과 '완결상'의 개념은 명백히 다르며, 이 둘의 개념을 구별하려는 끊임없는 노력에도 불구하고 중국어를 연구하는 학자들은 '완료상'과 '완결상'의 개념을 혼용해서 사용하고 있는 듯하다. 중국어 어법 학자들의 상당수가 상황 전체를 하나로 보여주는 Comrie의 'perfective'의 개념을 '완료상'으로 번역하고 있다. 이로 인해, 영어의 'have+PP' 형태로 표현되는 완료상의 개념과 혼동을 야기한다. 물론 앞서 언급한 학자들의 두 개념에 대한 구별의 노력이 보여주듯 '완결상'과 '완료상'의 개념의 혼동이 중국어를 연구하는 학자들에게만 국한되지는 않았다. Comrie(1976 : 12) 역시 '완결상'과 '완료상'의 용어의 혼동을 다음과 같이 지적한 바 있다.

The term 'perfective' contrasts with 'imperfective', and denotes a situation viewed in its entirety, without regard to internal temporal constituency; the term 'perfect' refer to a past situation which has present relevance, for instance the present result of a past event(his arm has been broken). This terminological distinction is usual in discussions of aspect by Continental linguists, and is insisted on by Slavists, who have to deal with languages like Bulgarian and Old Church Slavonic where both of these oppositions, perfective/ imperfective and perfect/ nonperfect are grammaticalised. In many recent works by English - speaking linguists, however, there has been an unfortunate tendency is particularly unfortunate when it leads to conceptual confusion, such as the view that what Slavists call perfective is the same as perfect in, say English.

완결상(perfective)은 비완결상(imperfective)의 대조적 용어로, 상황을 전체적으로 이해할 때 사용되어지며, 그 상황의 내부 시간 성분에 관해서는 무시하고 있다. 완료상(perfect)은 현재와 관련 있는 과거 상황을 가리킬 때 사용하는데, 예를 들면, 'His arm has been broken.' 에서 쓰인 과거 사건의 현재 결과를 나타내 주는 것이 그 좋은 예가 된다. 이러한 용어상의 구분은 유럽 대륙 학자들의 상(aspect)과 관련 된 토론 중에서 자주 보이는데, 특히 슬라브 언어 학자들이 이러한 관점을 견지하고 있다. 슬라브 언어학자들이 연구한 불가리어나 Old Church Slavonic 같은 언어 중에는 완결상과 비완결상의 대립과 완료 상과 미완료상의 대립이 선명히 부각되어 있고, 또한 구체적인 어법 표현이 서로 다르다. 그러나 불행히도 최근에 영어를 쓰는 학자들의 글 속에서는 완결상이라는 단어를 완료상의 개념을 지시할 때 사용

하곤 하며, 더욱 불행한 것은 이러한 경향이 개념상의 혼동을 일으
킨다는 점이다. 예를 들어, 슬라브 언어학자가 말하는 완결상의 의미
를 영어 중의 완료상의 의미로 잘못 사용하고 있다.

이와 같은 우려를 반영하듯, 중국어 학계에서도 '了'의 개념적
혼란이 존재한다. 실제로 상당수의 중국어 어법학자들은 '了$_1$'의 어
법 기능을 '완료상'이라고 설명하고 있다. 그러나 우리는 다음 예
문을 통해서 '了$_1$'의 쓰임은 '완료상'의 기능이 아니라 '완결상'의
기능을 하고 있음을 확인해 볼 수 있다.

(1) 我昨天丟了我的鑰匙。

(2) a. I have lost my key yesterday.

    b. I lost my key yesterday.

      나는 어제 열쇠를 잃어 버렸다.

먼저, (2)의 예문을 살펴보면, (2a)와 (2b)는 의미 차이를 가지고
있다. 완료형으로 사용된 (2a)는 어제 열쇠를 잃어버렸고 그 상태가
현재도 지속되고 있음을 의미한다. 따라서 'I'는 현재 열쇠를 소유
하고 있지 않다. 이와 달리 과거형 (2b)는 단지 열쇠를 잃어버렸다
는 사건만을 전체적으로 제시할 뿐 그것이 발화 시점인 현재와 관
련이 있는지에 대한 정보와는 무관하다. 따라서 (2b)는 어제 열쇠
를 잃어버렸으나 지금은 열쇠를 찾았을 수도 있고 아직 찾지 못했
을 수도 있다. 이와 같은 점에서 (2b)는 Comrie(1976)에서 제시된
것처럼, 상황의 내적 시간 구성을 분할하지 않고 상황 전체를 보여

주는 '완결상'이다. 즉, 현재와의 관련성을 나타내는 '완료상'의 개
념과는 다른 의미를 가지는 것이다. 그렇다면, 완료상 표지로 지칭
되어 왔던 '了₁'이 쓰인 (1)은 어떠한 의미를 가지는지 살펴보자.
(1)은 (2b)와 같이 단지 열쇠를 잃어 버렸다는 전체적인 사건만을
전달할 뿐, 현재와의 관련성 여부에 대해서는 어떠한 답을 주지 않
는다. 따라서 어제 열쇠를 잃어 버렸으나 지금은 열쇠를 찾았을 수
도 있고 아직 찾지 못했을 수도 있다. 즉, (1)은 문장 내에서 표현
되어진 그 상황 자체의 변화를 그 상황 내부의 구체적인 측면을 고
려하지 않고 단지 외부로부터 전체적인 양상으로 인식하고 있다.
이와 같은 점에서, (1)의 의미는 완료상보다는 완결상을 나타내는
(2b)의 의미에 가깝다고 보아야 할 것이다. 물론, '了₁'의 용법이 영
어의 과거형의 용법과 완전히 일치한다고는 볼 수 없다. 단지, '了₁'
과 영어의 과거형의 용법은 사건을 외부에서 전체적으로 조망하고
있다는 점에서 공통점을 가진다. 실제로 '了₁'은 과거 시제뿐만 아
니라 아직 발생하지 않은 사건에 대해서도 전체적으로 사건을 외
부에서 한 덩어리로 인식하게 하는 완결상의 기능을 담당하게 할
수 있다. 다음을 살펴보자.

    (3) 下午我们吃了饭就走吧。
        오후에 우리는 밥을 먹자마자 출발할 것이다.
    (4) 明天我就开除了他!
        내일 나는 그를 제명할거야.

   (3-4)는 '了₁'이 미래 혹은 조건적인 행동의 연속을 나타내는 문

장에 쓰인 예이다. 즉, '了$_1$'은 상적 표현으로, 상황을 분할하지 않고 상황 전체를 보여주는 '완결상'의 기능을 할 뿐 시제의 표지라고는 볼 수 없다. 그렇다면, 왜 우리는 '了$_1$'을 종종 과거 시제를 표현하는 표지로 인식하는 것일까? 그것은 '완결상'이 주로 과거 사건의 모습을 인식하는 데 사용된다는 인지적 습관성에서 기인한다. 과거 사건은 사건이 이미 종결된 것으로, 기준시 현재에서 과거 동작 사건의 모습은 그 전개 과정이 총체적인 하나의 모습으로 인식된다. 즉, 과거 사건의 총체적인 하나의 모습은 전체상으로 인식된다. 이와 같은 '완결상'은 '시제' 인식에서 '了$_1$'을 과거 시제 표지로 인식하게 하는 경향이 있지만, '了$_1$'은 과거 시제뿐만 아니라 미래나 현재 상황에서 조건 등을 표현하는데, 사용될 수 있는 '완결상'으로서의 기능만 할 뿐이다.

이처럼, 중국어의 상표지 '了$_1$'은 시제와 상관없이 내적 시간 구성을 분할하지 않고 상황 전체를 나타내는 '완결상'의 기능을 담당한다. 따라서 우리는 이와 같은 '了$_1$'의 기능이 현재와의 관련성을 요구하는 '완료상'의 개념과는 확실히 구별됨을 인식하고, 그 용어의 쓰임에 있어서도 차이점을 명확히 구분하여 사용하여야 혼란을 줄일 수 있을 것이다.

2.4. '了$_2$'와 현재와의 관련성

'완료상(perfect)'이란 동작이 과거에 일어났고, 그 동작이 현재와의 관련성을 맺고 있는 것을 나타내는 상의 개념이다. 현대 표준중국어에서 완료상의 표지로서 '了'가 널리 알려져 있다. 그러나 앞서 지적한 바와 같이 '了'의 용법은 '了₁'의 용법과 '了₂'의 용법으로 나누어져 각각 다른 상의 개념을 나타내는데 본 절에서는 완료상을 나타내는 '了₂'를 중심으로 '有'와의 상관성을 기술하도록 하겠다.

Li & Thompson(1981)은 '了₂'를 상표지 '了₁'과 구분하여, 문말조사(Sentence-Final Particle)로 구분하고 있다. 또한 '了₂'의 주요 기능을 '현재와 관련된 상태'를 나타내는 것이라고 밝히고 있다. 즉, '了₂'가 어떤 특정한 상황에 대하여 특수한 현재 관련성을 맺게 만든다는 것인데, 이는 '了₂'의 '완료상(perfect)'의 기능을 지적한 것이다. 다음을 살펴보자

(1) 她出去买东西了。
그녀는 장보러 나갔어요.

(1)에서 '了₂'는 그녀가 장보러 나간 것이 특정 상황에서 현재임을 말하며, 그 결과 그녀가 장보러 간 사건이 현재와 관련되어 있음이 가정된다. 즉, 그녀는 현재 상황에서 외출 중인 것이다. 이와 같은 '了₂'의 용법은 단지 사건을 전체적으로 조망하는 '완결상'의 표지 '了₁'과 뚜렷한 차이를 나타내는데, 다음 예문을 통해 이 차이점에 대해 살펴보자.

(2) a. 我喝了三杯咖啡。
나는 커피를 세 잔 마셨다.

b. 我喝三杯咖啡了。

나는 커피를 세 잔 마신 상태다.

(2a)는 단지 커피를 마신 동작의 전체 사건을 전달하고자 할 때 발화하는 문장이다. 반면에 '了₂'가 있는 (2b)는 단지 그가 커피를 세 잔 마신 사건에 대해 말하는 것이 아니다. 화자는 자신이 커피를 세 잔 마신 상태가 현재 상황과 관련되어 있다는 것을 나타낼 때 (2b)와 같이 발화한다. 예를 들어 누군가가 화자에게 한 잔 더 마시라고 권할 때, 화자가 상대방에게 왜 그럴 수 없는지를 설명할 경우에 쓰일 수 있다. 혹은 커피를 싫어할 것이라고 여겨졌던 사람이 (2b)와 같이 말하여 자기가 커피를 좋아한다는 사실을 보여 줄 수 있다. 이와 같이, 현재와의 관련성을 나타내는 '了₂'의 용법에 대해 Li & thompson(1981)은 현재와 관련된 상태(Currently Relevant State)를 다섯 개의 범주로 분류하고 있다.

A. 변화된 상태를 나타낼 경우

他知道那个消息了。

그는 그 소식을 알게 되었다.

B. 잘못된 가정을 정정할 경우

我已经给他两百块钱了。

나는 이미 그에게 200위안을 주었다.

C. 현재까지의 진전을 보고할 경우

唐诗三百首, 我背出来一半了。

나는 당시 삼백수를 절반 정도 외웠다.

D. 다음에 무슨 일이 일어날지를 결정할 경우

小黄就要来了。

小黃이 곧 올 것이다.
E. 그 시점에서 전적으로 화자가 제시한 대화일 경우
我吃得太饱了。[79)]
나는 너무 배부르게 먹었다.

　이상과 같은 예문에서 알 수 있듯이, '了₂'는 각각의 경우에 그것을 포함하고 있는 문장이 나타내는 상황이 현재와 관련되어 있음을 나타낸다. 이러한 '현재와의 관련성'은 '완료상'의 개념과 유사해 보이는데, 영어의 현재 완료 구문과 '了₂'의 현재관련성의 의미를 대응시킬 수 있는지 다음 예문을 통해 살펴보기로 하자.

　(3) 我昨天丢了我的钥匙。
　(4) a. I have lost my key yesterday.
　　　b. I lost my key yesterday.
　　　　　나는 어제 열쇠를 잃어 버렸다.
　(5) 我昨天丢我的钥匙了。

　(3-4)는 앞서 제시되었던 '了₁'과 영어 완료형, 과거시제에 관한 예문이고, 우리는 앞서 완결상을 나타내는 '了₁'은 완료상을 나타내는 (4a)와 대응되지 않는다는 것을 살펴보았다. 이에 반해, (5)는 '了₂'가 사용된 문장인데, (5)는 '了₁'이 사용된 (3)의 의미와 다르게 어제 열쇠를 잃어버린 상황이 현재에까지 영향을 미치고 있음을 나타낸다. 따라서 열쇠를 아직도 화자가 찾지 못했음을 의미하는

---

79) 자발적인 진술로 쓰인 문맥에서는 화자가 그 순간 현재시간에 자발적인 정보만을 담화 속에 소개한다는 것을 나타내기 위해 '了₂'를 사용해야 한다.

것이다. 즉, '了₂'가 사용되면 영어의 현재 완료형과 동일한 '현재
와의 관련성'의 의미를 제공한다는 것을 알 수 있다. 이러한 점에
서 '了₂'의 현재와의 관련성의 의미는 '有'가 내포하는 완료상의 의
미기능과 유사하다. 때문에 중국어에서 완료상의 의미를 나타내는
'有'는 대부분 '了₂'로 대체할 수 있다.[80]

(6) 他的英文水平有提高。　　　＝ 他的英文水平提高了。
　　 그의 영어 수준이 높아졌다.

(7) 他们的工作条件有改善。　　　＝ 他们的工作条件改善了。
　　 그들의 근무 조건이 개선되었다.

(8) 这里的经济有发展。　　　　　＝ 这里的经济发展了。
　　 이곳의 경제는 발전되었다.

(9) 他的学习成绩有进步。　　　　＝ 他的学习成绩进步了。
　　 그의 공부 성적이 향상되었다.

3. 완료상 표지 '有'와 '了'의 통시적 발전 양상

앞서 지적한 바와 같이 인류 언어의 완료상 표지 유형은 크게 완
료 의미의 동사가 완료상 표지로 사용된 유형과 소유동사가 완료
상의 표지로 사용된 유형으로 구분된다. 이러한 세계 언어의 완료

---

80) '有'가 동사와 결합하는 경우에는 '有'는 뒤에 오는 동사를 명사화시킴으로써 정태
　　적 완료 의미를 산출해내기 때문에, '有' 뒤에 오는 동사는 명사화 될 수 있는 2음
　　절의 동사가 대부분이다. 즉, '有' 뒤에 오는 동사는 동사의 기능과 명사의 기능을
　　겸할 수 있는 명동사이다. 이에 반해, '了₂' 앞에 오는 동사는 이러한 제약에서 자유
　　롭다는 차이점을 지닌다.

상의 발달 양상을 고려할 때, 중국어에서는 '완료' 의미의 동사에서 파생된 '了'와 소유 의미의 동사에서 파생된 '有'가 완료상 표지가 모두 등장한다는 점에서 완료표지의 두 경향을 모두 갖고 있는 언어로 볼 수 있다.

일반석으로 표준중국어에서 완료의 긍정형식은 '了'로 표현되고, 완료의 부정형식은 '沒有'로 표현된다. 그렇다면, 중국어의 완료 표지가 긍정과 부정 형식에서 비대칭적으로 발달한 이유는 무엇일까?

그것은 앞서 지적한 바와 같이 완료 표지의 긍정과 부정형식이 발달한 시기가 달랐다는 점에 기인한다. 石毓智(2004)는 완료 표지 '了'가 등장한 것은 10세기부터라고 주장하면서,[81] 이 때 '了'는 완료 표지로서 동사와 빈어 사이에 놓이기 시작하였다고 주장하였다.

 (1) 南朝已应付了三出处。 (≪乙卯入国奏请≫)

石毓智(2004)는 '了'가 동사 뒤에 놓여서 완료를 나타내는 상표지로 발전할 수 있었던 요인은 중국어에서 동보구조의 출현의 영향이라고 밝혔다.

한편, '了'가 완료상을 나타내는 상표지로 발전하던 10세기 무렵, '了'에 상응하는 부정형식은 '未'나 '不曾'으로, 현재의 완료 부정 표지 '沒'는 등장하지 않는다. 완료의 부정을 나타내는 용법의 '沒'는 15세기가 되어서야 등장하였다. '沒有'는 처음에 '沒' 단독으로

---

81) 중국어에서 동작의 완료를 나타내는 상표지 '了'가 출현하기 전에는 '毕', '成', '讫', '已', '竟' 과 같은 어휘를 사용하여 표현하였다.

사용되다가 완료상으로의 문법화가 진행되면서 14세기 무렵 '有'와 결합하여 사용되기 시작하였다. '没'의 문법화 단계를 고찰해보면, '没'는 먼저 '잠기다', '침몰하다'의 의미로 사용되다가, 唐 이후에 소유동사의 부정식으로 사용된다.

(2) 酒德有神多客颂, 醉乡无货没人争。(≪奉和鲁望看压新醅≫)

(3) 津傍更亦没男夫, 唯见轻盈打少女。(≪敦煌变文, 五子胥变文≫)

(2-3)은 '没'가 '잠기다'의 의미에서 '소유의 부정'의 의미로 의미 확장된 진행 상황을 보여 준다. 이와 같이 '没'가 단독으로 소유의 부정의 의미를 나타내는 현상은 약 13세기까지 이어졌다. 14세기에 이르러서 '没'는 소유의 부정을 나타낼 때 '有'와 결합하여 사용되기 시작하였고, 16세기 무렵부터 술어를 부정하면서 완료의 부정 의미로 문법화된다. 소유의 부정을 나타내는 '没有'가 완료의 부정으로 문법화되는 것은 '소유'와 '완료상' 간의 인지적 대응 관계로 인한 범언어적 패턴이다. 따라서 16세기 이후 '没有'는 동사 빈어와 결합하기 시작하면서 중국어에서 완료상의 부정 표지로 정착화되었다.

(4) 如今为没有卖的。(≪老乞大≫)

(5) 如何没有鲜鱼? (≪水浒传≫)

(6) 这一日没上过钟酒。(≪金瓶梅≫十六回)

(7) 一朵花还没有开足。(≪蒋兴哥重会珍珠衫≫)

즉, '没'는 15세기 이후로 차츰 동사의 완료상의 부정표지로서 사용되면서, 이전의 '未'나 '不曾'을 대신하게 되었고 16세기 이래로 완료상의 부정 표지로서 완전히 자리를 잡은 것으로 보인다. 그러나 이 시기 완료상의 긍정형식으로는 10세기 무렵부터 완료상의 긍정 표지로서 사용되기 시작하여 13~14세기 무렵 완료상의 표지로서 확실히 자리 잡은 '了'가 사용되었다. 때문에 중국어는 완료상의 긍정형식과 부정형식이 비대칭적으로 발전하는 결과를 낳았다.

이상과 같이 완료의 부정 표지 '没有'는 긍정 표지 '了'가 먼저 정착화된 후, 6세기 정도가 지난 후에야 문법화가 이루어졌다. 즉, 중국어에서 완료 표지는 긍정과 부정 형식이 같은 시기에 생겨난 것이 아니라, 다른 시기에 비대칭적으로 발달하였다. 이러한 과정에서 중국어의 완료 표지는 세계 언어에서 보이는 두 가지 양상을 모두 갖는 언어의 형태로 발달된 것이다. 완료의 긍정형 '了'는 Kammu, Sango 언어 등과 같이 완료 의미의 동사가 완료상 표지로 문법화되었고, 완료의 부정형은 영어, 불어, 스페인어 등과 같이 소유동사가 인지적 유사성이라는 공통 매개를 갖고, 완료상의 표지로 정착화되었다.

그러나 閩방언과 粵방언을 중심으로 한 남방방언을 고찰해보면, 북방과는 다른 양상의 완료 표지를 형성해갔음이 확인된다. 이들 방언에서는 '了'의 용법이 완료상 긍정 표지로 정착화 되기 이전에 소유동사 '有'의 문법화가 끊임없이 일어나서, '완료'를 나타내는 상표지로서 발전하였다. 이 때문에 이 지역 방언에는 소유동사와 완료상의 의미 상관성으로 인한 소유동사의 문법화 현상이 두드러지게 나타난다.

> (8) 早昏伊有来。(= 昨天晚上他来了。)
>   어제 저녁에 그는 왔다.
>
> (9) 早日有落雨。(= 昨天下雨了。)
>   어제 비가 왔다.
>
> (10) 今仔日天气有热 (= 今天天气热起来了。)
>   오늘은 날씨가 더워졌다.
>
> (11) 这蕊花有红。(= 这朵花红了。)[82]
>   이 꽃은 붉어졌다.

이것은 중국어의 완료상 표지의 발달이 두 가지 측면에서 모두 진행되었다는 점을 보여주는 예인 동시에, 북방에서 완료상 긍정 표지가 완료의 의미를 갖는 동사 '了'에서 생겨났음에도 불구하고, 6세기가 흐른 뒤, 완료상의 부정 표지는 소유동사에서 파생하는 제2의 유형을 갖는 이유도 설명해 준다. 이는 언어의 교류에 따른 결과로 이미 남방에서 완료상 '有'의 부정표지로 널리 사용되던 '没有'는 완료상의 부정 표지가 정착되지 않았던 북방의 언어에 영향을 주어 '没有'는 북방에서도 완료상의 부정 표지로 정착될 수 있었다.

---

82) (8-11)의 예문은 張振興(1983)에서 인용한 것이다.

제7장
'有+VP' 형식의 탄생과 발전

현대 표준중국어에서 '有+VP₁' 형식만 존재하던 시기에는 '有'와 결합할 수 있는 동사는 2음절의 명동사(名动词)이어야 한다는 제약이 존재했지만, 일부의 1음절 동사는 '有'와 결합할 수 있었다. 이러한 예는 다음과 같다.

   (1) 有成, 有待, 有旧, 有救, 有赖, 有喜, 有幸, 有益, 有治, 有望

'有+VP' 형식을 연구하는 학자들은 (1)과 같은 예들은 고대 중국어 때부터 사용되던 고정 격식이기 때문에, 이러한 경우 예외적으로 '有'와 결합할 수 있다고 지적하였다. 한편, 현대 중국어에서 '有+VP₂' 형식은 閩방언을 중심으로 한 남방 방언에 발달해 있고, 북경을 중심으로 한 표준중국어에서는 사용이 매우 제한적이었다. 하지만 1990년대 이후로 표준중국어에서도 '有+VP₂' 형식의 용례를 많이 접할 수 있는데, 이는 세계의 모든 언어에 거의 일정한 패턴으로 존재하는 보편적 인지 과정과 언어자체의 변화 흐름, 언어의 교류라는 사회적 요소의 영향 등을 반영한 자연스러운 결과라고 할 수 있다. 본 장에서는 이러한 '有+VP' 형식의 통시적 변화 과정을 先秦시기, 元明代, 現代로 나누어 고찰해볼 것이다. '有+VP' 형식의 통시적 분석에 있어서 세 시기로 나눈 이유는 先秦시기는 '有+VP' 형식의 초기 모습을 파악할 수 있고, 元明代는 '有'의 기능을 대체하는 상표지 '了'가 출현한 이후로서 '有+VP' 형식의 감소 및 소실의 모습을 잘 보여주고, 현대 중국어는 언어 자체의 문법화 과정, 사회의 교류 등을 통한 '有+VP' 형식의 재등장의 현황을 잘 보여주기 때문이다.

1. '有+VP' 형식의 변천과정

1.1. 先秦시기의 '有+VP' 형식

이 책에서는 先秦시기의 '有+VP' 형식의 유형을 살펴보기 위해, ≪孟子≫, ≪论语≫, ≪韩非子≫, ≪左传≫, ≪荀子≫, ≪墨子≫에서 '有+VP' 형식의 코퍼스 분석을 실행하였다. 이들 텍스트 속의 先秦시기 '有+VP' 형식을 살펴보면, 현대 표준중국어의 '有+VP' 형식에서 나타나는 제약이 존재하지 않았다는 사실을 알 수 있다. 때문에 현대 표준중국어의 '有+VP₁' 형식에서 '有'와의 결합이 매우 제한적이었던 1음절의 단독 동사도 '有'와 자유롭게 결합할 수 있었다.

[有+단음절 동사]

(1) 故作者不祥, 学者受其殃, 非者有庆. (≪荀子·正论≫)

그러므로 못되고 몹쓸 짓을 하는 자는 상서롭지 못하고, 그것을 흉내 내는 자는 그 재앙을 받게 되며 그것을 비난하는 자는 경사가 생긴다고 하는 것이다.

(2) 君行则守, 有守则从, 从曰抚军, 守曰监国, 古之制也. (≪左传·闵公二年≫)

임금이 행차하시면 태자가 남아서 나라를 수호하고, 수호할 사람이 있으면 임금을 따라가는데 따라가는 것을 '抚军'이라 하고 수호하는 것을 '监国'이라 하는 것이 옛날의 제도이다.

(3) 子路有闻, 未之能行, 唯恐有闻. (≪论语·公冶长≫)

자로는 좋은 말을 듣고 아직 그것을 실행하지 못했으면 행여 다른 말을 들을까 두려워하였다.

또한 VP가 부사어와 빈어를 자유롭게 취할 수 있어서, 형식면에서 有+부사어+V, 有+V+빈어, 有+부사어+V+빈어의 구조가 모두 나타난다.

[有+부사어+V]

(4) 与之彼狃, 又将请地他国, 他国且有不听, 不听, 则知伯必加之兵. (≪韩非子·十过≫)

그에게 그것을 주면 그가 재미를 붙여 또 장차 다른 나라에 토지를 요구하게 될 것입니다. 다른 나라 중에는 듣지 않으려는 나라도 있을 것입니다. 듣지 않으면 지백은 반드시 무력을 가할 것입니다.

(5) 其无欲见, 人司之; 其有欲见, 人饵之. (≪韩非子·外储说右上≫)

그가 욕심이 없다고 알려지면 살펴보고 그가 욕심을 갖는다고 알려지면 사람들은 이용하려 한다.

(6) 以天下之所顺, 攻亲戚之所畔, 故君子有不战, 战必胜矣. (≪孟子·
公孙丑下≫)

천하의 따르는 바로 친척 가운데 (왕을) 배반하는 자를 공격하
는 것이기 때문에 군자는 싸우지 않으나 싸우면 반드시 이기
게 되는 것이다.

(7) 人有不为也, 而后可以有为。(≪孟子·离娄下≫)

사람은 하지 않는 것이 있은 뒤에야 훌륭한 일을 할 수 있다.

[有+V+빈어]

(8) 子产为政, 有事伯石, 赂与之邑。

자산이 정사를 잡게 되자 백석에게 시킬 일이 있어서, 한 고을
을 주었다.

(9) 公叔相韩而有攻齐, 公仲甚重于王, 公叔恐王之相公仲也, 使齐, 韩
约而攻魏, 公叔因齐军于郑, 以劫其君, 以固其位, 而信两国之约。
(≪韩非子·内储说≫)

공숙이 한나라를 도와 제나라를 공격하였다. 공중이 왕에게 두
터운 신임을 얻고 있어 공숙은 왕이 공중을 재상으로 임명할
지도 모른다는 두려움을 갖고 있었기 때문에 제나라로 하여금
한나라와 맹약을 맺도록 하여 위나라를 공격하도록 하였다. 공
숙은 그것을 핑계 삼아 제나라의 군사를 정나라로 들어가게
하고는 왕을 위협하여 자신의 지위를 더욱 굳게 함으로써 두
나라의 맹약을 더욱 확실하게 하였다.

(10) 长治其乡, 而乡既已治, 有率其乡万民, 以尚同乎国君 (≪墨子·尚
同中≫)

오래도록 그 고을을 다스려서 그 고을이 이미 잘 다스려진
후, 그 고을의 모든 백성을 이끌어 나라의 임금과 뜻을 같이
하게 하였다.

[有+부사어+V+빈어]

(11) 人生实难, 其有不获死乎? (≪左传·成公二年≫)

　　사람이 살기가 실로 어려운데, 이 사람을 취한다면, 아마도
　　제 명에 죽지 못할 것입니다.

(12) 天下有善养老, 则仁人以为已归矣。(≪孟子·尽心上≫)

　　천하에 늙은이를 잘 봉양하는 자가 있으면 어진 사람들이 자
　　기의 돌아갈 곳으로 삼을 것이다.

(13) 人主虽贤, 不能独计, 而人臣有不敢忠主, 则国为亡国矣。(≪韩非
　　子·三守≫)

　　사람(임금)이 비록 현명하더라도 혼자서 나라 일을 도모하지
　　는 못하니 신하들이 임금에게 충성하지 않으면 그 나라는 곧
　　멸망할 것이다.

　　이상과 같이, 先秦시기의 '有+VP' 형식에서 VP는 2음절의 명사
화가 가능한 동사여야 한다는 제약이 존재하지 않았고, 자신의 빈
어나 부사어를 모두 취할 수 있었다. 이들의 유형 분포는 다음과
같다.

	有+VP 총수	有+V	有+V+빈어	有+부사어+V	有+부사어+V+빈어
论语	34	21 (61.8%)	3 (8.8%)	8 (23.5%)	2 (5.9%)
孟子	25	12 (48%)	6 (24%)	6 (24%)	1 (4%)
荀子	63	32 (50.8%)	21 (33.3%)	7 (11.1%)	3 (4.8%)
韩非子	51	27 (52.9%)	13 (25.5%)	11 (21.6%)	0 (0%)

〈도표 7-1〉 서지시기 有+VP 형식의 유형 분포

　　한편, 선진 시기의 '有+VP' 형식에서 '有'의 기능을 살펴보면,
'有'는 동사적 기능을 유지하며, 소유나 존재의 의미로 해석된다.

이러한 점은 '有'가 동사빈어와 결합한 이후에도 여전히 부사와 능원동사의 수식을 받을 수 있다는 점에서 나타난다.

(14) 天下曷敢有越厥志? (≪孟子·梁惠王下≫)
천하에 어찌 그 마음을 지나치게 하는 자가 있겠는가?

(15) 子曰 : 今之孝者, 是谓能养。至於犬马, 皆能有养, 不敬, 何以别乎? (≪论语·为政≫)
공자가 말하길, 지금에는 효라는 것이 부모를 공양할 수 있기만 하면 된다고 한다. 개나 말도 모두 사육할 수 있다. 진심으로 부모를 공경하지 않으면, 이와 무엇이 다르겠는가?

(16) 子曰 : 有德者必有言, 有言者不必有德. (≪论语·宪问≫)
공자가 말하길, 덕이 있는 자는 반드시 훌륭한 말을 하지만 훌륭한 말을 한다고 반드시 덕이 있는 것은 아니다.

또한 '有'와 결합하는 동사는 명사화되어 '有'의 빈어로서 해석된다.

(17) 如使人之所欲莫甚於生者, 则凡可以得生者, 何不用也? 使人之所以恶莫, 甚於死者, 则凡可以避患者, 何不为也? 由是则生而有不用也, 由是则可以避患而有不为也。(≪孟子·告子下≫)
가령 사람들이 원하는 바가 삶보다 심한 것이 없다면 모든 삶을 얻을 수 있는 방법을 어찌 쓰지 않겠으며, 가령 사람들이 싫어하는 바가 죽음보다 심한 것이 없다면 모든 환난을 피할 수 있는 방법을 어찌 쓰지 않겠는가. 이 때문에 살 수 있는데도 쓰지 않음이 있으며 이 때문에 재앙을 피할 수 있는데도 하지 않음이 있는 것이다.

(18) 从者曰 : "子恼矣!" 曰 : "有恼乎? 非夫人之为恼而谁为?" (≪论

语·先进≫)

从者가 말하였다. "선생님께서 지나치게 애통해하십니다." 공
자가 말하길, "지나치게 애통함이 있었느냐? 저 사람을 위해
애통해 하지 않고 누구를 위해 애통해 하겠는가.

张文国, 张文强(1996)은 (17)에서 '有不用也'의 '不用'과 '有不为也'
의 '不为'는 이미 명사화되었다고 지적하면서 앞 문장의 '何不为也'
의 '不为'와 비교하였다. '何不为也'의 '不为'는 동사로서 기능하는
반면에 '有不为也'에서의 '不为'는 명사로서 기능하는데, 이는 '有'
가 뒤에 나오는 동사를 명사화시키는 기능에 의한 것이라고 밝혔
다. 마찬가지로 (18)의 '子恸矣'에서 '恸'는 동사로서 기능하고 있
지만 '有'와 결합한 뒷부분의 '有恸乎'에서의 '恸'는 명사화되어
'恸'가 가지는 동작행위의 존재를 나타낸다고 하였다. 이러한 '有'
의 명사화 기능은 뒤에 나오는 VP를 '~한 사람'의 의미로 해석하
게 하는데, 이러한 이유로 고문에서 '有+VP'는 종종 '有+VP+者'
의 의미에 상응하기도 한다.

(19) a. 期尽匿不占, 占不悉, 令吏卒微得皆断皆断. 有能捕告, 赐什
　　　 三。(≪墨子·号令≫)
　　　 기일이 다하여도 숨겨놓고 보고하지 않거나, 보고한 것이
　　　 확실하지 않으면, 관리나 군사들로 하여금 자세한 내용을
　　　 조사하게 한 후 모두 처단한다. 그러한 자를 잡아 고하는
　　　 자가 있으면, 그 십 분의 삼을 내려준다.
　　b. 犯令者父母妻儿皆断, 身枭城上, 有能捕告之者, 赏黄金二十斤。
　　　 군령을 범하는 자가 있으면, 부모, 처자까지도 모두 처단
　　　 하며 성 위에 그들의 시체를 전시해 둔다. 그러한 짓을 하

는 자를 잡아서 알리는 사람에게는 황금 20근을 상으로
내린다.

(19a)에서 '有能捕告'는 (19b)의 '有能捕告之者'와 같은 의미로
사용되었다. 즉, '捕告'는 명사화되어 '잡아 고하는' 동작을 하는
사람이라는 의미로 해석된다. 즉, 先秦시기의 '有+VP' 형식은 VP
가 명사화 되어 '有所+V' 혹은 '有所+V+者'의 의미와 대응된다
는 점을 알 수 있다.

이상과 같이 先秦시대의 '有+VP' 형식에서 '有'는 '소유'나 '존
재'의 동사적 기능을 담당하고 있다는 점에서 문법화 이전의 단계
로 볼 수 있으며 의미 역시 원의미인 소유의 의미로 해석되는 경향
이 강하다는 점을 알 수 있다. 따라서 필자는 先秦시기의 '有+VP'
형식에서 '有'는 은유 과정에 속하는 문법화 초기 단계인 '有
+VP$_1$' 형식에 대응된다고 볼 수 있으며, 의미 역시 소유와 존재의
의미로 해석된다고 판단한다.

1.2. 元明代의 '有'와 '了'의 교체 현황

이 책에서는 元代의 '有+VP' 형식을 고찰하기 위해서 구어적
색채가 짙은 잡극 ≪西厢记≫와 元代의 중국어 독본인 ≪老乞大≫
를 살펴보았다. 明代의 작품으로는 구어적 성격이 강하고 그 시대
의 언어의 면모를 충분히 반영하고 있어 明代 언어 연구에 자주 사
용되는 텍스트인 ≪水浒传≫과 ≪金瓶梅≫를 살펴보았다. 이들 텍

스트 속에서 '有+VP' 형식을 추출한 결과, 先秦시기에 비해 적은 양의 '有+VP' 형식이 사용되고 있음을 확인할 수 있었다. 元明代의 '有+VP' 형식의 유형 분포는 다음과 같다.

	有+VP 총수	有+V	有+V+빈어	有+부사어+V	有+부사어+V+빈어
西厢记	15	9 (60%)	5 (33.3%)	1 (6.7%)	0 (0%)
老乞大	4	3 (75%)	1 (25%)	0 (0%)	0 (0%)
水浒传	25	18 (72%)	7 (28%)	0 (0%)	0 (0%)
金瓶梅	0	0 (0%)	0 (0%)	0 (0%)	0 (0%)

〈도표 7-2〉 원명대 '有+VP' 형식의 유형 분포

한편, 元代의 텍스트에서 '有'의 용법을 분석하면, '有'가 문법화가 상당히 진전되어 완료상의 용법으로 사용되는 예가 나타나기 시작한다.[83]

---

83) 이 책에서 분석한 明代의 텍스트 ≪水浒传≫에서 나타난 '有'의 완료 용법의 예문에는 다음과 같은 것들이 있다.
  (1) 先从马院里入来, 就杀了养马的后槽一人, 有脱下旧衣两件。(≪水浒传≫)
  (2) 李逵唱个喏道: "拜揖节级哥, 小街内有在这里。"(≪水浒传≫)
  (3) 智深道: "洒家的银子有在这里。" (≪水浒传≫)
  (4) 林冲道: "天王堂内, 我也有在那里。"(≪水浒传≫)
  (5) 必然嫂嫂见我做了这些衣裳, 以定背后有说话。(≪水浒传≫)

元, 明代의 텍스트에서 나타나는 '有+VP' 형식의 '有'의 완료 용법은 수량적으로 많지는 않다. 이는 '了'가 출현하기 전까지는 중국어에서 완료상을 표현하는 수단으로 '有+VP' 형식 이외에도 다양한 완료상 표현 방식이 존재했기 때문으로 판단된다. 이 시기 완료상을 표현하는 방식으로는 술어동사 뒤에 '毕, 成, 迄, 已, 竟'과 같은 어휘를 사용하기도 하였다. 이와 같은 어휘들도 '了'의 등장 이후 소실되는 현상을 보인다. 즉, 10세기 등장한 '了'는 '有+VP' 형식과 '毕, 成, 迄, 已, 竟'과 같은 어휘 등으로 표현하였던 '완료'의 용법을 통합하면서 발전하였다고 볼 수 있다. 그러나 이상의 각주 예문과 본문 (1-3)에서 제시한 예문은 소수이기는 하지만 '有'가 의미의 허화가 나타나 완료상의 용법으로 사용되는 현상을 반영하고 있다는 점에서 의의가 있다고 판단된다.

(1) (红上云)姐姐着我传简贴儿与张生, 约他今宵赴约。俺那小姐, 我怕
又有说慌, 送了他的生命, 不是要处。我见小姐去, 看他说什么。
(≪西厢记≫・王实甫)

(홍상이 말하기를) 아가씨는 나에게 장생과 오늘 약속을 하여
만나자는 편지를 갖다 주라고 했다. 나는 또 그 아가씨가 거짓
말을 할까봐 걱정이 되었는데, 그의 목숨이 걸린 일에 농담이
있을 수 없는 것이다. 나는 아가씨를 만나러 가서 그녀가 무슨
말을 하는지 좀 보기로 했다.

(2) 黑夜道场里你有来么? 我有来。≪朴通事≫

너는 깊은 밤 道场[84]에 왔었니? 나는 왔었는데…

(3) 我有认色了, 不拣几时要换。≪老乞大≫

나는 색을 확인하고 나서는 고르지 않고 언제 바꾸려고 한다.

(1-3)에서 '有'는 소유의 원의미가 허화된 것으로 보인다. 예문에
서 '有说慌', '有来', '有认色'는 '说慌', '来', '认色'의 행위가 과거
어느 때에 발생하였고, 현재에 이 행위가 완성되었음을 말한다. 따
라서 이때 '有'는 소유의 의미로 해석하기 보다는 행위가 과거에
일어났음을 나타내는 상표지로 보는 것이 타당하다. 先秦시기의
'有+VP' 형식에서 '有'는 뒤에 나오는 동사를 명사화시키는 기능
이 활성화되어서 '有' 자체가 소유, 존재의 의미로 해석되는 경향
이 강했다면, 元代에 '有+VP' 형식의 '有'는 소유, 존재와 같은 자
신의 동사적 의미를 잃고 상표지로서 기능하는 용법이 존재함을
볼 수 있다.

한편, (3)에서 우리는 '有+VP' 형식과 현대 중국어의 완료상 표

---

84) 스님이나 독사들이 法事를 하던 장소

지 '了'가 함께 나타나는 것을 살펴볼 수 있다. '了'의 완료상 표지
로의 발달에 관한 연구는 이미 많은 학자들에 의해서 연구되었는
데 石毓智(2001)에 의하면 '了'는 10세기 무렵부터 '완료상'을 나타
내는 표지로서 자리 잡기 시작하였다. 또한 刘坚, 曹广顺(1992), 蒋
绍愚(1992), 石毓智(2004)는 '了'는 宋代에 '완료'를 나타내는 상표지
로 자리 잡기 시작하였다는데 모두 동의하고 있다. 즉, 元代에는
완료상을 나타내는 '有'의 용법과 함께 10세기 무렵부터 완료상 표
지로 사용된 '了'의 쓰임도 함께 나타나고 있는 것이다. 그러나 앞
서 제시한 元代의 '有+VP' 형식의 유형별 수량표에 따르면, 明代
는 완료상 표지 '了'가 발전함에 따라 완료를 나타내는 '有'의 용법
은 점차적으로 소실되었음이 나타난다. 이러한 점은 필자가 조사한
先秦시기와 元明代 문헌의 '有+VP' 형식의 비교에서도 잘 나타난다.

	有+VP 총수	有+V	有+V+빈어	有+부사어+V	有+부사어+V+빈어
论语	34	21(61.8%)	3 (8.8%)	8 (23.5%)	2 (5.9%)
孟子	25	12(48%)	6 (24%)	6 (24%)	1 (4%)
荀子	63	32(50.8%)	21(33.3%)	7(11.1%)	3 (4.8%)
韩非子	51	27(52.9%)	13(25.5%)	11(21.6%)	0 (0%)
西厢记	15	9 (60%)	5 (33.3%)	1 (6.7%)	0 (0%)
老乞大	4	3 (75%)	1 (25%)	0 (0%)	0 (0%)
水浒传	25	18(72%)	7 (28%)	0 (0%)	0 (0%)
金瓶梅	0	0 (0%)	0 (0%)	0 (0%)	0 (0%)

〈도표 7-3〉 선진시기와 운명대 有+VP 형식의 비교

앞의 표를 살펴보면, 元明시기에는 先秦시기와 비교해서 '有
+VP' 형식의 수량이 감소하였고, 형식면에서도 보다 단순화되는

양상을 보인다는 점을 알 수 있다. 즉, 元明시기에는 완료상 표지 '了'가 등장하면서 '有+VP' 형식은 점차적으로 'VP了' 형식으로 대체하는 경향을 보이는데, 이는 明代 초기의 작품인 ≪水滸传≫에서 '有+VP' 형식은 거의 등장하지 않지만, 'VP了' 형식의 수량은 급격히 증가하였다는 점에서도 파악할 수 있다. 필자의 고찰에 의하면, ≪水滸传≫에서 '有+VP' 형식은 단 25회 출현하지만 'VP了' 형식은 9393번 출현하고 있다. 또한 이러한 현상이 계속 이어져서 明代 후기인 16세기에 쓰여진 ≪金瓶梅≫에서는 '有+VP' 형식의 예문이 보이지 않는다.[85]

한편, '有+VP' 형식은 점차적으로 단순화되는 양상을 보이는데, 이는 '有'와 단독동사가 결합하는 비중이 증가하고, VP가 더 이상 부사의 수식을 받지 않는다는 점에서 파악할 수 있다. 이는 VP의 명사화 제약이 강해지기 시작하는 초기 모습이라고 볼 수 있다. 단, 이 시기에는 '有'와 결합하는 VP가 자신의 빈어를 취하는 현상은 여전히 나타나고 있다. 필자는 <도표 7-3>에 나타난 先秦시기 문헌과 元明시기 문헌의 비교를 위해 두 집단 간 표본 평균들의 비교를 통해 집단 간의 유사성을 검정하는 두 독립표본 t-검정(two independent samples t-test)[86]을 실행하였다. 유의 수준 0.05에서 비교

---

85) 有를 추출한 2886개의 예문에서 '有'와 결합하는 VP유형으로 '忘'과 '回报'가 등장하기는 하였으나, 이들 모두 有와 결합하여 고정 격식으로 사용되는 단어로 사용되었다. '忘'은 '不敢有'와 결합하여 8회 출현하였고, '回报'도 '有回报'의 격식으로 1회 출현한다. 이들 모두 '有'가 완료상표지로 사용되는 有+VP2 구조라고는 볼 수 없다.

86) 두 독립표본 t 검정(two independent samples t-test)이란 각기 다른 두 모집단의 속성인 평균을 비교하기 위하여 두 모집단을 대표하는 표본들을 독립적으로 추출하여

한 결과 有+VP 총수와 有+V, 有+부사어+V에서는 先秦시기와 元明시기는 차이를 보이는 집단으로 나타났지만, 동사빈어가 목적어를 취하는 '有+V+목적어' 형식과 '有+부사어+V+목적어' 형식에서는 유의미한 차이를 보이지 않고 있다.

구분		Levene 등분산검정		평균의 동일성에 대한 t-검정		
		F	유의확률	t	자유도	유의확률(양쪽)
you VP총수	등분산이 가정됨	1.588	0.254	3.159	6	0.020
	등분산이 가정되지 않음			3.159	5.211	0.024
you+V+목적어	등분산이 가정됨	3.769	0.100	1.730	6	0.134
	등분산이 가정되지 않음			1.730	3.991	0.159
you+부사어+V	등분산이 가정됨	2.928	0.138	6.990	6	0.000
	등분산이 가정되지 않음			6.990	3.321	0.004
you+V	등분산이 가정됨	0.031	0.867	2.649	6	0.038
	등분산이 가정되지 않음			2.649	5.962	0.038
you+부사어+V+목적어	등분산이 가정됨	12.00	0.013	2.324	6	0.059
	등분산이 가정되지 않음			2.324	3.000	0.103

〈도표 7-4〉 선진시기와 원명대의 有+VP 형식의 t-검정 결과

이상과 같은 점은 '有'의 용법이 허화되는 元代에는 '有'와 결합하는 동사의 제약이 점점 강화되고 있고 이러한 변화는 동사가 더 이상 부사와 결합하지 않는 현상에서부터 시작되었음을 나타내준다. 또한 元代에 '有'가 완료상 표지로서 사용되는 용법이 나타나

표본 평균들의 비교를 통하여 모집단 간의 유사성을 검정하는 방법이다.

고 있음에도 불구하고, 이러한 용법은 10세기 무렵 '了'가 완료상 표지로서 자리 잡게 되면서, 사용빈도가 감소하고 있음을 확인해볼 수 있다.

1.3. 현대 중국어에서 '有+VP' 형식의 수량 증가

앞서 지적한 바와 같이 朱德熙(1982)[87]는 '有'가 동사를 수반할 때에 동사는 제약을 받는다고 설명하고 있다. 즉, '有'가 수반하는 동사는 명사의 성질을 겸할 수 있는 동사여야 하는데, 朱德熙는 이러한 특징에 주목하여, '有'와 결합하는 동사를 명동사(名动词)라 칭하였다. 또한 동사가 '有'의 목적어가 되면 동작, 행위 자체를 나타내지 못하고, '사물화'된 동작이나 행위를 나타낸다. 이러한 기준에 따라 朱德熙는 '有看', '有写', '有去', '有反对', '有喜欢', '有同意'라 말할 수 없다고 주장하였고, '有'의 동사빈어는 대부분 2음절이라고 하였다. 하지만 최근 '有+VP' 형식의 실제 사용을 보면, 2음절의 동사뿐만 아니라 단음절 동사가 '有'와 자유롭게 결합하며, 명동사(名动词)에 속하지 않았던 동사들도 '有'와의 결합 제약에서 자유로운 경우를 볼 수 있다. 따라서 현대 표준중국어에서 나타나는 '有+VP' 형식은 '有+명동사(名动词)', '단음절 부사어+有+명동사(名动词)', '有X有Y', '有+비명동사(非名动词)', '有+동사+목적어(보어)'로 분류할 수 있다.

---

87) ≪语法讲义≫에서 朱德熙는 '有'를 명사 성분뿐만 아니라 동사와 같은 술어 성분을 빈어로 취할 수 있는 동사로 분류하고 있다.

[有＋명동사(名动词)]

a. 他们的工作条件有改善。

　그들의 근로조건이 개선되었다.

b. 这两天, 气温有上升。

　요즈음 기온이 상승되었다.

[단음절 부사어＋有＋명동사(名动词)]

a. 他们的工作条件稍有改善。

　그들의 근로조건이 조금 개선되었다.

b. 这两天, 气温略有上升。

　요즈음 기온이 조금 상승되었다.

[有X有Y]

a. 你看, 太阳有升有落嘛。没有落, 也就没有升。

　봐라, 태양도 떠오를 때가 있고 질 때도 있는 것 아니겠니, 떨
　어지지 않으면, 오르는 때도 없는 것이지.

b. 现代潜水器有大有小, 外形和结构也多种多样。

　현대 잠수기는 큰 것도 있고 작은 것도 있고, 외형과 구조도 각
　양각색이다.

[有＋비명동사(非名动词)]

a. 我们有带。

　우리는 가지고 왔다.

b. 他们有打架。

　그들은 싸웠다.

[有＋동사＋목적어(보어)]

a. 你有照顾他们的生活吗?

　너는 그들의 생활을 돌봐줘보았니?

b. 我们都有试过几次。

　　우리들은 모두 몇 번 시도해보았다.

　　이상의 '有+VP' 형식은 '有'가 동사적 성질과 의미를 보유하고 있는가에 따라 '有+VP₁' 형식과 '有+VP₂' 형식으로 구분할 수 있는데 필자의 분석에 의하면, '有+명동사(名动词)', '단음절 부사어+有+명동사(名动词)', '有X有Y'는 '有+VP₁' 형식에 속하고, '有+비명동사(非名动词)', '有+동사+목적어(보어)'는 '有+VP₂' 형식에 속한다. 본래 '有+비명동사(非名动词)', '有+동사+목적어(보어)' 형태의 '有+VP₂' 형식은 남방 방언에서만 사용되었지만, 최근 들어 북방에서도 사용빈도가 급증하고 있는 추세이다. 때문에 최근 북경에서 상영되고 있는 북경 드라마에서는 남방방언이라고 간주되어 왔던 '有+VP₂' 형식의 사용빈도가 증가하고 있다. 필자는 이를 확인하기 위해 1994년과 2004년에 상영된 북경 드라마 ≪我爱我家≫와 ≪家有儿女≫88)의 대본을 비교 분석하였다. 전자에서는 有+VP₂구조가 한 번도 발화되지 않았지만, 후자에서는 젊은 출연진 사이에서 '有听', '有说'와 같은 有+VP₂ 형식89)이 자연스럽게 발화되고 있음을 확인해볼 수 있었다. 다음은 ≪家有儿女≫에서 등장하는

---

88) ≪我爱我家≫와 ≪家有儿女≫는 모두 북경에서 상영된 가족 시트콤으로 북경에서 살아가는 가족의 이야기를 주제로 하고 있다. 이들 드라마 속에는 중국인들이 자주 사용하는 일상적 표현이 많고, 북경에서 생활하는 가정의 이야기를 전개하기 때문에 대본 내용도 普通话 중심이다. 따라서 중국인들이 평소 많이 사용하는 구어표현을 살피는 데 적합한 코퍼스 자료로 판단된다.

89) ≪家有儿女≫에서 有+VP₂구조에 사용된 동사로는 完, 诈, 看, 攒, 挨打, 吃, 听, 成, 扶 등이 있다.

'有+VP₂' 형식의 예이다.

> (1) 这牛肉干全让你给吃完了。
> 이 육포 모두 너 먹어.
> 我有吃。
> 나 먹었어.
>
> (2) 天气预报听了吗?
> 일기예보 들었니?
> 我有听。今天天气好好哦。
> 들었어. 오늘 날씨는 좋을 거야.
>
> (3) 怎么了? 挨打了?
> 어떻게 된 거야? 맞았니?
> 有挨打。
> 맞았어…
>
> (4) 你看见我漫画大王了吗?
> 너 내 만화대왕(漫画大王) 책 봤어?
> 有看见。就在桌子底下。
> 봤지. 책상 밑에 있어.

이상과 같이 최근 북방에서는 젊은 층을 중심으로 '有+VP₂' 형식의 사용 빈도가 증가하고 있으며, 이러한 현상은 1990년대 말을 기점으로 해서 나타났다. 이것은 남방에서 꾸준하게 진행되어 온 '有'의 문법화가 표준어에 영향을 미치고 있음을 나타낸다. 그렇다면, 남방을 중심으로 이루어진 '有'의 문법화는 어떠한 원리와 기제를 통해 이루어졌을지에 대한 의문이 생긴다. 이와 관련하여 다음 절에서 '有'의 문법화를 가능하게 하였던 요소들을 분석해본다.

2. '有+VP' 형식의 통시적 변화 원인 : 문법화

'有+VP' 형식에 대한 선행연구에서는 '有+VP' 형식이 최근 북
방에서 증가하고 있는 원인에 대해, 유추에 의한 현상과 남방 방언
의 영향의 결과물이라는 관점에만 치우쳐서 설명하는 경향이 있다.
때문에 '有+VP' 형식에서 '有'의 문법화를 지적하면서도 '有'의
문법화 원리에 대한 고찰은 간과하였으며, '有'의 문법화 기제에
대해서는 '유추' 이외의 다른 문법화 기제에 대해서는 언급하고 있
지 않다는 한계를 가지고 있다. 이 책에서는 '有+VP₁'과 '有+VP₂'
형식에서 나타나는 '有'의 의미 변화를 통해서 '有'의 문법화의 원
리와 기제에 대해 보다 전면적이고 체계적으로 분석하고자 한다.

먼저, '有'의 문법화의 원리에 대해 살펴보도록 하자. '문법화
(grammaticalization)'는 프랑스 언어학자 Meillet(1912)가 처음으로 사
용한 용어로 어휘적 단위가 문법적 형태로 바뀌는 현상을 말한다.
이러한 문법화는 통시적 관점으로 살펴본다면, 전형적인 단일 방향
현상으로 가정될 수 있다.[90] 문법화 이론의 대표적 학자 Paul Hopper
(1991)가 제시한 단일 방향성 가설을 바탕으로 한 문법화 원리에는 분
화(divergence), 의미지속성(persistence), 탈범주화(decategorialization), 층위화
(layering), 전문화(specialization)가 있다. '有'의 문법화를 살펴보면,
Paul Hopper가 제시한 문법화 원리가 잘 나타난다.

---

[90] 단일 방향성이라는 강력한 가정은 모든 문법화는 특정 언어 환경에서 어휘 항목이
문법 항목으로, 덜 문법적인 형태가 더욱 문법적인 형태로의 변화에 관여하며, 이러
한 문법화의 방향은 역전될 수 없다는 것이다.

첫째로 분화(divergence)란 동일한 어원에서 나온 여러 형태의 문법소들이 의미 또는 기능상 나누어지는 현상을 가리킨다. '有+VP₁' 형식에서는 '有'가 소유의 동사적 의미를 유지하고 있었지만, '有'의 소유의미가 점차 약화되면서, '有+VP₂' 형식에서는 '有'가 완료와 강조 등의 용법으로 각각 문법화 된다. 이것은 소유의 의미의 동사에서 완료 또는 강조의 표지로 나누어지는 문법화의 '분화' 과정을 잘 보여준다.

둘째로 의미지속성(persistence)이란 문법소가 어원어의 의미를 오랫동안 유지하는 현상을 말한다. 문법화에 있어서 의미지속성이 중요한 것은 의미지속 때문에 새로운 문법화 요소가 공기제약을 받는 경우가 많기 때문이다. '有+VP₁' 형식에서는 '有'가 동사적 의미를 보유하기 때문에 이때 '有'와 결합하는 VP는 소유의 대상, 즉 목적어로 해석된다. 따라서 '有+VP₁' 형식에서 VP는 명사화가 가능한 명동사이어야 한다는 제약을 가지게 된다.

셋째로, 탈범주화(decategorialization)란 어원어들이 문법소로 변해가는 과정에서 명사, 동사와 같은 일차적 문법범주의 특성을 점점 잃어버리고 형용사, 부사, 전치사, 후치사 등과 같은 이차적 문법 범주의 특성을 가지게 되는 현상을 말한다. 중국어에서 '탈범주화'는 특히 동사에서 개사로의 변화에서 살펴볼 수 있는데, 개사가 된 성분이 더 이상 동사였을 때처럼 상표지를 취할 수 없다는 점에서도 발견된다. 이와 같은 탈범주화는 '有'가 완료 또는 강조의 표지로 사용되면서 동사적 특징이 허화 또는 소실되는 현상에서도 나타난다.

넷째로 층위화(layering)란 옛층위와 새층위가 공존하는 현상을 말한다.91) 즉, 여러 문법화의 요소들이 같은 기능의 영역 안에서 계속 문법화되지만, 옛 층위는 새 층위가 생겨났다고 해서 반드시 사라지는 것이 아니기 때문에 공시적으로 공존현상이 일어나는 것이다. 이러한 층위화 현상은 경제성 원칙에 위배되는 언어현상으로써, 실제 언어 변화를 보면 층위화에서 보는 바와 같이 이미 어떤 기능을 담당하는 문법소들이 있는데도 불구하고 새로운 문법 형태를 만들어 층위화 현상이 나타난다. 先秦시기부터 있어왔던 '有+VP' 형식과 10세기 무렵 새롭게 등장한 상표지 '了'가 元明代에 공존하는 현상은 층위화 원리에 부합된다.

다섯째로 전문화(specialization)란 한 문법소가 특정 기능을 전문적으로 나타내는 현상을 말한다. 여러 문법소들은 층위화 현상을 겪으면서 공시적으로 공존한다. 이러한 공존 상태에서 각 문법소들은 끊임없이 해당 문법 기능을 하는 문법소로서의 우위를 차지하기 위해 경쟁을 벌이는데, 그 중의 특정 문법소가 끝까지 살아남아 해당 문법 기능을 전담하는 문법소로 변하는 현상이 '전문화'인 것이다. 북방에서 '有'가 가졌던 상표지 기능을 '了'가 대체해가는 현상은 '전문화 과정'을 잘 보여준다.

이상과 같이 '有'는 문법화의 원리에 부합하면서 점차적으로 상표지 혹은 강조의 표지로서 사용하게 되었다. 그렇다면 이러한 문법화를 일으키는 기제는 무엇일까? 문법화의 기제로는 은유(metaphor), 유추(analogy), 조화(harmony), 흡수(absorption), 일반화(generalization), 화

---

91) Hopper(1991 : 22)에 따르면, 문법화의 과정에서 오래된 층위들은 반드시 소멸될 필요는 없으며 새로운 층위들과 공존하며 서로 영향을 행사할 수도 있다.

용적 추론(pragmatic inference) 등이 있다. 앞서 지적한 바와 같이 '有+VP' 형식의 증가의 원인에 대해 선행연구에서는 유독 '유추'에만 초점을 맞춰 기술해왔다. 필자 역시 '有+VP' 형식의 증가에는 '유추'의 작용이 많은 영향을 끼쳤음에는 동의하고 있다.

	긍정	부정	의문
NP 빈어	有+NP	没有+NP	有没有+NP
VP 빈어	??有+VP	没有+VP	有没有+VP

〈도표 7-5〉 '有'의 완료용법의 비대칭성

위의 표가 나타내듯이 현대 중국에서 유독 '有'가 동사 빈어와 결합하여 완료의 의미를 나타내는 경우에만 긍정 형식과 부정 형식이 비대칭적인 현상을 보인다. 그러나 언어는 세월이 흐르면서 '유추'의 과정을 거치고 비대칭적인 언어는 대칭적으로 변화하려는 경향이 있다. 이러한 점은 현재 표준중국어에서 완료 의문문을 만드는 하나의 방식으로 자리 잡은 '有没有+VP' 형식도 '유추'의 산물이라는 점에서도 알 수 있다. '有没有'는 초기에는 '有没有这回事', '有没有这个话'와 같은 예문에서와 같이 명사적 성분과만 결합하였다. 그러나 점점 '유추' 과정을 거치면서, 명사적 성분뿐만아니라 동사적 성분도 취할 수 있게 되었는데, 초기에는 동사이지만 명사적 용법으로 사용될 수도 있는 명동사(名动词)와만 결합하였다. 따라서 예문 (1)과 같은 형식만이 有没有+VP의 형식으로 사용되었다.

(1) 有没有影响　/　有没有剥削　/　有没有研究/
　　有没有调查　/　有没有计划　/　有没有工作/

(1)에서 '有没有'와 결합한 동사는 모두 명사화가 가능한 동사들이다. 이와 같이 NP성분과의 결합만을 허용하였던 '有没有'는 초기에는 명사화가 가능한 동사와의 결합만을 제한적으로 허용한 것이다. 이렇게 제한적으로 동사와 결합을 하였던 有没有는 지속적인 '유추'의 과정을 통해 현재에는 거의 모든 동사와 결합하여 완료의문문을 만드는 방식으로 정착되었다. 따라서 현대 표준중국어에서 사용되고 있는 '有没有' 의문 형식을 살펴보면, 결합 가능한 동사는 명사화가 가능한 동사라는 제약이 존재하지 않고, 거의 모든 동사가 '有没有'와 결합이 가능하다. 이와 같이 '有没有' 의문 형식에서 나타나는 '유추' 현상은 '有+VP' 형식의 변화에서도 동일하게 나타남을 살펴볼 수 있다. '有'는 명사적 성분을 빈어로서 취하는 것을 선호하였던 동사로서 처음에는 명사적 성분과만 결합하였다. 하지만, '有'와 빈어의 결합은 유추의 작용을 거치면서 '有'는 동사적 성분과도 결합이 허용되었다. 다만, 초기에는 '有没有+VP' 형식의 발전 양상과 유사하게, 명사적 성분으로 변환될 수 있는 즉, 명사화가 가능한 동사와만 결합하였다. 그러나 지속적인 유추 과정을 통해 최근에는 결합 가능한 동사의 제약이 없어져서 거의 모든 동사와의 결합을 허용하고 있는 추세인 것이다. 즉, 초기 명사화가 가능한 동사와만 결합을 허용한 형식은 '有+VP$_1$' 형식에서 나타나고, 유추가 진행되어 모든 동사와 결합할 수 있게 변화된 형식은 '有+VP$_2$' 형식에서 나타난다. 따라서 '有+VP' 형식의 증가는 이러한 언어의 일반적인 유추 경향의 영향으로 볼 수 있으며, 비대칭적인 중국어의 완료상의 표지 방식이 점차 대칭적으로 발전하려는

경향을 보여준다고 할 수 있다.

그러나 '유추'라는 한 가지 요소만으로 '有+VP' 형식의 문법화 기제를 설명한다는 것은 무리가 있다. 왜냐하면 언어변화가 인간의 인지에 의해 유발되고 인지적 책략이 한가지로 획일적인 것이 아니라면, 전반적인 언어변화에는 많은 기제들이 관련되어 있으며, 한 가지 변화에도 여러 가지 기제들이 작용하고 있다고 보는 것이 합리적이기 때문이다.[92] 또한 유추를 일시적 차용으로 보고, 문법화 기제로 보지 않는 견해도 존재한다. Heine et al.(1991a)은 '유추'란 은유적 전이와 문법화 과정에 있어서의 원인으로가 아니라 단지 관계로서 보아야 하며 유추는 그 자체로서 아무런 설명력을 갖지 못한다고 주장한다. 이외에도 유추를 문법화의 핵심적 기제라는 견해에 반대하는 학자들은 유추는 어떤 변화 현상을 기술할 뿐이지 그 자체가 기제는 아니라고 주장한다. 즉, 유추가 문법 변화의 확산에 크게 기여하는 것은 사실이지만 유추 한가지만으로 전체 언어 체계의 변화를 설명하는 것은 유추를 과대 평가하여 해석하는 일이 될 것이다. 따라서 '有+VP' 형식에서 나타나는 '有'의 문법화를 설명하기 위해서는 또 다른 문법화 기제들이 존재하는지도 고찰해보아야 한다. Bybee et al.(1994)은 전반적인 언어 변화에는 여러 가지의 문법화 기제들이 관련되어 있음을 인정하고 이 기제들이 문법화의 신행 성도에 따라 얼마나 밀접한 관련성을 보이는지를 설명하고 있다. 다음은 Bybee et al(1994 : 297)가 제시한 문법

---

92) 이성하(1998)에서 인용.

화의 단계이다.

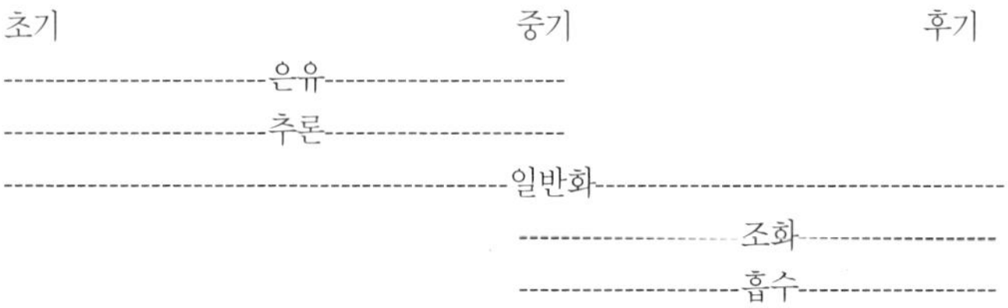

초기	중기	후기

〈도표 7-6〉 문법화 단계

　〈도표 7-6〉에서 나타나듯, 문법화의 초기에 작용하는 기제는 '은유'이다. '은유'란 어떤 대상을 다른 종류의 대상으로 경험하는 것, 구체적으로부터 추상적인 것으로의 전이를 뜻한다. 언어활동에서 언어 사용자들은 은유적 확장을 통해 어휘 항목들을 더욱 많이 사용하도록 유도한다. 이러한 은유는 문법화 과정의 초기에만 작용하는데, 이는 문법화가 진행되고 나면, 의미가 거의 소실되어 은유적으로 사용될 수 있는 의미 자체가 없어지기 때문이다. 이와 반대로, 문법화 기제 중 '조화'나 '흡수'는 문법화의 후기 과정에만 나타난다. '조화'란 문법소가 그 의미상 조화를 이루는 언어 형태에만 쓰이다가 이와 유사한 맥락으로까지 점점 확대되어 쓰이는 현상을 말한다. 또한 '흡수'란 한 문법소가 원래 담당하고 있던 기능을 잃어버리면서 그것이 쓰이는 문맥에서 의미를 얻게 되는 것을 가리킨다. 문법화라는 과정은 계속적으로 일어나며, 옛 문법소는 점점 쇠퇴하고 새 문법소가 등장하여 옛 문법소를 대체하는 현상이 끊임없이 반복되고 있다. 이러한 대체 과정에서 옛 문법소는 완전히 소멸되기도 하지만 때로는 주된 기능에서 밀려나 이차적인

기능을 맡기도 한다. 그런데, 주된 기능에서 밀려나 이차적인 기능을 맡게 된 옛 문법소는 그것이 쓰일 수 있는 상황이 제한되어 있어서 그러한 문맥에서 새로운 의미를 얻게 되는데 이것이 곧 '흡수'이다. 이와 같은 '조화'와 '흡수'는 단어의 의미가 이미 상당부분 잃어버린 후에 문법소의 기능을 전담하려 할 때 발생한다.

한편, '일반화(generalization)'와 '추론'은 문법화 과정 속에서 전체적으로 나타난다. '일반화(generalization)'란 어휘소의 의미가 점점 특수성을 잃어 일반적인 의미를 갖게 되는 의미 변화 과정을 가리키는 것이다. 또한 '추론'이 문법화에서 가지는 대표적인 특징은 문법소의 의미변화라고 할 수 있다. 이러한 의미 변화의 과정은 다음과 같은 단계를 거친다. 첫 단계에서는 한 어휘소나 문법소가 본래의 의미만을 가지고 있다. 다음 단계에서는 본래의 의미 이외에 다른 의미가 암시되어 있다. 청자는 이와 같이 암시된 의미가 그 언어 형태의 의미와 관련이 있는 것으로 파악하게 되는 일이 반복된다. 마지막 단계에서는 그와 같이 반복적으로 나타나던 암시적 의미가 마침내 실제 의미의 일부가 되어 버린다. 이러한 과정을 함축의 관습화, 혹은 함축의 규약화(conventionalization of implicature)라고 부른다.[93] 이성하(1998)는 이 화용적 추론 현상을 설명하면서 한국어의 배치동사(配置动词)의 문법화 과정을 설명하였는데, 배치동사 '두다'와 '놓다'가 '완료'의 의미로 발전하게 된 과정을 다음과 같이 설명한다.

---

93) 이성하(1998)에서 인용.

(2) a. 그는 돈을 서랍에 두었다.   --- 본동사, 물리적 배치

   b. 그는 점심을 든든히 먹어 두었다. --- 완료, 미래준비

   c. 그는 책을 책상 위에 놓았다.   --- 본동사, 물리적 배치

   d. 그는 문제를 풀어 놓았다.   --- 완료, 미래준비

(2)에서 보면 원래 어떤 사물을 어떤 장소에 배치하는 의미를 가지던 '두다'와 '놓다'가 다른 동사와 연계동사 구문에서 쓰이면서 어떤 행위가 완료됨을 나타내고 있다. 이러한 의미 변화는 다음과 같은 추론의 단계를 거친 것이다.

(3) 제1단계 : A가 B를 C에 두었다.

   제2단계 : A의 행위는 동기가 있었으며 따라서 목적이 있었다.

   제3단계 : 행위의 결과는 A가 의도한 것이며 결과는 바람직한 것이었다.

   제4단계 : A는 그 바람직한 결과적 상태를 유지 보존하기를 원한다.

   제5단계 : A는 결과적 상태를 유지 보존한다.

(3)은 배치동사가 어떠한 화용적 추론과정을 거쳐서 '완료'의 의미를 나타내게 되었는지를 보여준다. 즉, 이러한 화용적인 추론은 언어 속에서 관습화되어, 새로운 문법화 요소를 산출하는 기제로서 작용한다. 그렇다면, 이러한 문법화 기제들이 '有'의 문법화에서는 어떻게 나타나고 있을까?

먼저, '有'는 문법화의 초기 단계 때 '은유'의 과정을 거친다. 초기에 소유의 의미만을 나타내었던 '有'는 빈어로서 구체적 사물을

취하였으며, 소유의 유형은 '외적 소유'의 형태를 가졌다. 그러나 소유주가 처소, 시간 범위로 확장되거나, 소유대상이 추상물로 확장되면서, '존재'의 의미부터 비유, 도달, 변화 등의 의미까지 갖게 되었다.[94) 이러한 의미 확장에 결정적인 역할을 한 요소는 '은유'이다. 이러한 의미 확장이 이루어지면서 점차 추상적 존재인 '동사'일지라도 명사화가 가능하면, '有'의 빈어로 사용되었다. 이러한 모습은 내적 소유의 한 유형에 속하였던 '有+VP$_1$' 형식에서 살펴볼 수 있다. 즉, '有'의 빈어가 구체적인 명사적 성분으로부터 추상적인 동사적 성분으로까지 확장된 문법화 과정을 보여주는 '有+VP$_1$' 형식은 '은유'의 한 과정이라고 볼 수 있다.

한편, 문법화의 후기에서 나타나는 '조화'는 '有+VP' 형식에서도 그대로 적용되는데, '有+VP$_2$' 형식에서 '有'의 의미 변화는 이러한 현상을 잘 반영한다. 문법화가 덜 진행된 '有+VP$_1$' 형식에서는 '有'는 동사적 성질을 유지하며, '소유'의 의미를 보유하고 있었다. 때문에 빈어로서 명사화가 가능한 동사만이 가능하였지만, 점차 유사한 맥락 속에서 해당 어휘가 사용되는 '조화'에 따라 소유 동사는 의미의 내적 대응관계를 이루는 완료상의 의미의 맥락에서

---

94) 이 책에서는 '有'의 소유 유형을 외적 소유와 내적 소유로 분류하였다. 외적 소유는 소유주가 소유대상물을 자신의 의지에 의해 소유하거나 양도할 수 있고, 자신이 가지고 있는 소유권을 포기할 수도 있는 '분리 가능한 소유(alienable possession)'이다. 내적 소유는 그 의미상에서 볼 때, 외적 소유와 반대로 '분리 불가능한 소유(inalienable possession)'에 속한다. '분리 불가능한 소유'는 소유주와 소유 대상의 의미적 관계가 분리될 수 없는 소유의 의미를 나타내는 것으로, 그 소유 대상은 소유주의 의지에 따라 통제할 수 없는 추상적 존재가 대부분이다. 외적 소유에서는 '소유'의 의미만을 나타내고, 내적 소유에서는 '포함', '존재', '비교', '도달', '변화' 등의 의미를 나타낸다.

도 사용하게 된다. 따라서 '有'가 완료상의 의미로 파생된 이후에
는 '有'는 명동사(名动词)가 아닌 VP 환경에서도 사용가능하게 되었
고, 이러한 과정 속에서 '有+VP₂' 형식이 출현하게 되었다. '有
+VP₂' 형식에서 '완료'의 의미를 나타낸 '有'는 상표지와 시간 부
사가 존재하여 이미 문장에서 완료의 의미를 제공할 수 있는 맥락
에서는 사건의 완료, 즉 사건의 현실성을 강조하는 성분으로까지
의미 확장되었다. 즉, '有+VP' 형식은 문법화의 '조화'의 한 과정이
라고 볼 수 있다. 이러한 과정 속에서 '추론'과 '일반화(generalization)'
는 '有'의 문법화의 전 과정 속에서 작용하면서, '소유'의 의미였던
'有'의 의미가 '완료'의 의미로 확장되는 기제로서 작용하였다. '有'
의 추론에 의한 의미 변화는 한국어의 배치동사 '두다'가 화용적
추론 과정을 거쳐서 '완료'의 의미를 나타내게 된 과정과 유사하다.

제1단계 : A가 B를 소유하였다.
제2단계 : A의 행위는 동기가 있었으며 따라서 목적이 있었다.
제3단계 : 행위의 결과는 A가 의도한 것이며 따라서 결과는 바람
　　　　　직한 것이었다.
제4단계 : A는 그 바람직한 결과적 상태를 유지 보존하기를 원한다.
제5단계 : A는 결과적 상태를 유지 보존한다.

이와 같이 화용적 추론에 의한 '소유' 동사가 결과 상태의 유지
를 의미하는 '완료'의 의미로 문법화된 것은 인류 보편적인 인지
패턴으로 볼 수 있다. 이는 앞서 많은 언어들에서 소유동사가 완료
상의 의미로 발전하는 모습을 통해 확인해볼 수 있었다. 한편, '有'

의 문법화 과정을 살펴보면, 문법화 후기의 기제로서 작용하는 '흡수'는 아직 이루어지지 않는 것으로 보인다. '有+VP₂' 형식이 점차적으로 증가하면서 '有'를 완료상의 표지로 사용하는 현상이 보이기는 하지만, 현대 표준중국어에서 완료상 역할을 담당하는 '了'를 대체하는 단계까지는 이르지 못했기 때문이다. 이상과 같은 '有'의 문법화 단계를 표로 제시하면 다음과 같다.

```
초기                        중기                        후기
--------------------------은유----------------------
有+NP  →  有  VP(동명사) : 有+VP₁
외적소유 → 내적소유
--------------------------추론--------------------
(초기) 소유동사 → 포함, 존재, 비교, 도달, 변화 등의 의미로 확장
(후기) 소유동사 → 완료
     제1단계 : A가 B를 C에 두었다.
     제2단계 : A의 행위는 동기가 있었으며 따라서 목적이 있었다.
     제3단계 : 행위의 결과는 A가 의도한 것이며 따라서 결과는 바람직한 것이
              었다.
     제4단계 : A는 그 바람직한 결과적 상태를 유지 보존하기를 원한다.
     제5단계 : A는 결과적 상태를 유지 보존한다.
-------------------------------------------------일반화-------------------------------------------
                              --------------------조화--------------------
                              有 + VP1 → 有 + VP₂(완료, 강조)
                              --------------------흡수--------------------
                              VP了 → 有+VP₂
```

〈도표 7-7〉 有의 문법화 단계

제8장

현대 표준중국어 '有+VP' 형식의 변화

1. 현대 표준중국어 '有+VP' 형식의 사용 현황

앞서 지적한 바와 같이 표준중국어에서는 1990년대 이후로 '有+VP₂' 형식의 사용이 급증하고 있다. 기존의 연구에서는 남방 방언에서 존재하던 '有+VP' 형식이 북방에서 증가하고 있다는 점을 지적하면서도 이것을 입증할 만한 통계 자료 등의 제시는 부족한 실정이었다. 따라서 이 책에서는 북경 현지 설문조사를 통해 현재 북방에서의 '有+VP₂' 형식의 수용정도를 살펴보고, 수용 정도에 영향을 미치는 요인들을 분석해보고자 한다.

1.1. 설문 조사 설계

1.1.1. 조사목적

'有+VP₂' 형식은 1990년대 이전만 해도 남방 방언에서만 자주 사용되었던 것으로 표준어에서는 비문으로 간주하거나 어색하게 받아들였던 문장이다. 그러나 최근 표준중국어에서는 '有+VP₂' 형식의 사용빈도가 급증하고 있으며, '有'는 문법화가 진행된 완료나 강조의 의미를 나타낸다. 본 조사에서는 현재 북방에서 '有'의 완료와 강조의 용법의 수용 정도를 살펴보기 위해 '有+VP' 형식의 문형을 세분화하여 각각의 수용정도를 살펴본다. 따라서 '有+VP₂' 형식을 먼저 응답문, 의문문, 평서문으로 나누고 이들을 상표지가 있는 경우와 상표지가 없는 경우로 각각 분류하여 문형별 수용정도를 파악하였다. 또한 성별 또는 출신지역 간의 차이가 '有+VP₂' 형식의 수용에 있어서 어떠한 영향을 미치고 있는지 살펴보고자 한다.

1.1.2. 조사설계

1) 모집단 정의

2012년 현재 북경대학교에 재학 중인 중국인 대학생을 모집단으로 설정하였다.

2) 표본구성

본 연구에서는 북경 대학교에서 20대 남, 여를 각각 50명씩 100명을 조사하였고, 100명의 지역별 구성으로는 북방 출신 중심(70%)으로 표본을 추출하였다. 또한 지역 차이에 따른 모방언의 영향 역시 함께 살펴보고자, 30%의 남방 출신의 표본도 함께 추출하였다.

북방(북경)	18
북방(비북경)	51
상방언	6
오방언	12
광동(민방언&월방언)	12
감방언	1

〈도표 8-1〉 설문조사 표본구성

3) 표본추출방법

북경대학교 캠퍼스 내에서 무작위 추출을 이용하여 표본을 추출하였다. 단순 무작위 표본 추출(simple random sampling)[95]은 공정하고 대표성이 높다는 장점을 가지고 있어 표본 조사에서 가장 많이 사용된다.

4) 자료 수집 방법

설문지의 신뢰성을 높이기 위해 남녀 구성비율을 각각 50명으로 하고 학교 캠퍼스 주위에서 일대일 대면 상황으로 설문지 응답을 부탁하는 개별 조사방법을 실시하였다.

5) 조사기간

본 설문은 북경대학교에서 2012년 10월 4일~10월 7일 4일간 실시하였다.

---

95) 단순 무작위 표본 추출(simple random sampling)은 크기 N인 모집단에서 크기 n인 표본을 추출할 경우에 모든 가능한 크기 n인 표본이 동일하게 추출될 기회를 갖는 표본 추출 방식이다. 모집단을 구성하는 각 구성 요소가 표본으로 뽑힐 확률이 상호 동등한 것을 원칙으로 한다.

6) 주요설문내용

문법화가 진행된 '有'가 사용되는 남방 방언의 有+VP 문장을
제시하고, 이 문장의 수용정도를 '很自然', '还可以', '不自然'으로
나누어 판단하도록 하였다. 문항에는 有没有 의문문에 대한 응답에
사용된 '有', 상표지가 있는 의문문에 사용된 '有', 상표지가 없는
의문문에 사용된 '有', 상표지가 있는 평서문에 사용된 '有', 상표
지가 없는 평서문에 사용된 '有'에 속하는 유형들을 무작위로 배치
하여, 이들 유형간의 수용도 차이 역시 살펴보고자 하였다.

	文章	很自然 (常用)	还可以 (不常用但是还可以接受)	不自然 (不用)
1	你们有没有合作过？ 有。			
2	我每天都有喝旺仔牛奶。			
3	他跟你借过书没有？ 有。			
4	你有听过这件事吗？			
5	赵薇演的电影你有看吗？ 是的，有看。			
6	你有喝牛奶吗？			
7	老王有做作业。			
8	天气预报听了吗？ 我有听。听说今天天气很好。			
9	我有想过你会来。			
10	你有见过他吗？			
11	你有看过昆曲表演吗？			
12	我有见过他。			

〈도표 8-2〉 설문조사 문항 예시

1.2. 설문 조사 결과 분석

1.2.1. 문항별 수용도 조사

문항 번호	문항 유형	자연스럽다	그럭저럭 괜찮다	부자연스럽다
1	응답에 사용된 有	45	46	9
3		65	21	14
5		44	40	16
8		49	38	13
4	상표지가 있는 의문문	54	37	9
10		56	34	10
6	상표지가 없는 의문문	44	38	18
11		33	38	29
9	상표지가 있는 평서문	49	34	17
12		53	33	14
2	상표지가 없는 평서문	31	41	28
7		28	33	39
	有＋VP 전체 평균	45.9	36.1	18

〈도표 8-3〉 문항별 수용도 조사 결과

'有＋VP$_2$' 형식의 유형별 평균값을 비교해보면, 응답에 사용된 '有'와 상표지가 있는 의문문 그리고 상표지가 있는 평서문에서는 '자연스럽다'라고 답한 응답자가 각각 50.75%, 55%, 51%로 전체 조사자의 절반 이상을 차지했다. 또한 '그럭저럭 괜찮다'라고 답한 수치와 합치면 각각 87%, 90.5%, 84.5%인 것으로 나타나 의문 응답과 상표지가 있는 의문문과 평서문에 사용된 '有'는 이미 북방에서 자연스럽게 수용되고 있는 것으로 조사되었다. 이와 달리 상표지가 없는 의문문과 평서문은 '자연스럽다'고 응답한 조사자가 각각 38.5%, 29.5%에 불과하였다. 다만 '그럭저럭 괜찮다'고 응답한

응답자까지 합치면 각각 76.5%, 66.5%로 나타나 이들 유형 역시
북방에서 상당부분 통용되는 것으로 보인다. 이러한 결과를 통해
'有+VP₂' 형식이 북방어에서 이미 상당부분 수용된 현황임을 확인
하였고, 수용정도에 있어서는 상표지가 존재하는 환경에서 '有'의
의미인 '강조'의 용법이 상표지가 없는 환경에서 나타나는 '완료'
의 의미 기능보다는 더 강하게 수용되고 있음을 살펴볼 수 있었다.

1.2.2. 성별 차이

	자연스럽다	그럭저럭 괜찮다	부자연스럽다
남	41.7%	33.2%	25.1%
녀	50.2%	39%	10.8%

〈도표 8-4〉 성별에 따른 有+VP₂ 형식의 수용도 차이

'有+VP₂' 형식의 각 문항별 수용 정도를 평균값을 내어 비교한
결과, '부자연스럽다'라고 답한 남성의 응답자가 25.1%로 여성 응
답자 10.8%의 2배가 넘었다. 다만, 이와 같은 수치의 성별의 차이
는 '有+VP₂' 형식 중 '평서문'에서 나타난 남녀 간의 응답차이에
의해 나타난 것으로 분석되었다.

다음은 각 유형별 남녀의 수용도 비율을 비교한 것이다.

문형	성별	자연스럽다	그럭저럭 괜찮다	부자연스럽다
응답에 사용된 '有'	男	46%	37.5%	16.5%
상표지가 있는 의문문	女	55.5%	35%	9.5%
	男	54%	30%	16%
상표지가 없는 의문문	女	56%	41%	3%
	男	36%	33%	31%

문형	성별	자연스럽다	그럭저럭 괜찮다	부자연스럽다
상표지가 있는 평서문	女	41%	43%	16%
	男	47%	28%	25%
상표지가 없는 평서문	女	55%	39%	6%
	男	21%	33%	46%
	女	38%	41%	21%

〈도표 8-5〉有+VP₂ 형식의 유형별 남녀 수용도 차이

필자는 위의 표의 수치가 의미 있는 차이인지 검증하기 위해 의문응답, 상표지가 있는 의문문, 상표지가 없는 의문문, 상표지가 있는 평서문, 상표지가 없는 평서문 문항에 대해서 각각 교차분석[96]을 실시하였다. 그 결과 의문응답인 경우, 검정 통계량은 F=4.932, 유의 수준 0.05에서 유의확률[97]이 0.081로 나타나 귀무가설[98]이 채택되어, 의문응답문일 경우에는 성별에 따른 수용도 차이가 없는 것으로 분석되었다. 또한 상표지가 있는 의문문과 상표지가 없는 의문문 모두에서 유의확률은 유의수준 0.05보다 높은 수치를 나타내어 성별의 차이가 없음을 나타내었다. 이러한 결과는 의문응답, 상표지가 있는 의문문, 상표지가 없는 의문문은 이미 북방에서 남녀의 차이 없이 모두 자연스럽게 수용되고 있음을 나타낸다. 단, 평서문일 경우에는 유의 수준 0.05에 가깝거나 그 이하의 수치를

---

96) 교차분석(Crosstabs)이란 범주형 자료(명목 혹은 순서척도)인 두 개 혹은 그 이상의 변수에 대한 변수들의 관련성을 알아보기 위해, 결합분포를 나타내는 분할표를 작성함으로써 변수 상호 간의 독립성과 관련성 존재 여부를 분석하는 것이다.

97) 유의 확률(significance probability)이란 귀무 가설을 기각할 수 있는 최소의 유의수준을 의미한다. 유의 확률이 유의수준보다 작을 경우 귀무가설을 기각하고, 그렇지 않으면 귀무가설을 기각하지 못한다.

98) 본 조사의 귀무가설은 "문형에 따른 성별의 차이가 없을 것이다."이고, 대립가설(연구가설)은 "문형에 따른 성별의 차이가 있을 것이다."이다.

나타내었는데, 상표지가 있는 경우는 0.06, 0.065로 다른 문형에 비해 유의확률이 낮았으며, 상표지가 없는 경우는 유의 확률이 0.012, 0.035로 유의 수준 0.05 이하로 조사되어 성별의 차이가 있음이 확인되었다.

상표지가 있는 평서문1 (예문 9)

교차표

			평서유상1			전체
			자연스럽다	그럭저럭 괜찮다	부자연스럽다	
성별	남자	빈도	24	12	14	50
		기대빈도	24.5	17.0	8.5	50.0
		성별 중 %	48.0%	24.0%	28.0%	100.0%
	여자	빈도	25	22	3	50
		기대빈도	24.5	17.0	8.5	50.0
		성별 중 %	50.0%	44.0%	6.0%	100.0%
전체		빈도	49	34	17	100
		기대빈도	49.0	34.0	17.0	100.0
		성별 중 %	49.0%	34.0%	17.0%	100.0%

F=10.174, 자유도=2, 유의확률=0.06

〈도표 8-6〉 상표지가 있는 평서문(예문 9) 교차분석

상표지가 있는 평서문 (예문 12)

교차표

			평서유상2			전체
			자연스럽다	그럭저럭 괜찮다	부자연스럽다	
성별	남자	빈도	23	16	11	50
		기대빈도	26.5	16.5	7.0	50.0
		성별 중 %	46.0%	32.0%	22.0%	100.0%
	여자	빈도	30	17	3	50
		기대빈도	26.5	16.5	7.0	50.0
		성별 중 %	60.0%	34.0%	6.0%	100.0%

			평서유상2			전체
			자연스럽다	그럭저럭 괜찮다	부자연스럽다	
전체		빈도	53	33	14	100
		기대빈도	53.0	33.0	14.0	100.0
		성별 중 %	53.0%	33.0%	14.0%	100.0%

F=5.482, 자유도=2, 유의확률=0.065

〈도표 8-7〉 상표지가 있는 평서문(예문 12) 교차분석

상표지가 없는 평서문 (예문 2)

교차표

			평서무상1			전체
			자연스럽다	그럭저럭 괜찮다	부자연스럽다	
성별	남자	빈도	10	20	20	50
		기대빈도	15.5	20.5	14.0	50.0
		성별 중 %	20.0%	40.0%	40.0%	100.0%
	여자	빈도	21	21	8	50
		기대빈도	15.5	20.5	14.0	50.0
		성별 중 %	42.0%	42.0%	16.0%	100.0%
전체		빈도	31	41	28	100
		기대빈도	31.0	41.0	28.0	100.0
		성별 중 %	31.0%	41.0%	28.0%	100.0%

F=9.039, 자유도=2, 유의확률=0.012

〈도표 8-8〉 상표지가 없는 평서문(예문 2) 교차분석

상표지가 없는 평서문(예문 7)

교차표

			평서무상2			전체
			자연스럽다	그럭저럭 괜찮다	부자연스럽다	
성별	남자	빈도	11	13	26	50
		기대빈도	14.0	16.5	19.5	50.0
		성별 중 %	22.0%	26.0%	52.0%	100.0%
	여자	빈도	17	20	13	50
		기대빈도	14.0	16.5	19.5	50.0
		성별 중 %	34.0%	40.0%	26.0%	100.0%

		평서무상2			전체
		자연스럽다	그럭저럭 괜찮다	부자연스럽다	
전체	빈도	28	33	39	100
	기대빈도	28.0	33.0	39.0	100.0
	성별 중 %	28.0%	33.0%	39.0%	100.0%

F=7.044, 자유도=2, 유의확률=0.035

〈도표 8-9〉 상표지가 없는 평서문(예문 7) 교차분석

이상과 같이 현재 북방에서 증가하고 있는 '有+VP₂' 형식의 성별에 따른 수용도 차이는 '평서문'을 판단하는 남녀 응답자의 차이에서 기인한다고 볼 수 있다. 다른 유형인 의문응답이나 의문문에서는 남녀가 일치되는 경향을 보이고 있는데, 의문응답과 상표지가 있는 의문문은 비교적 높은 비율로 수용하고 있고, 상표지가 없는 의문문에 대해서는 수용도가 조금 떨어지는 것으로 조사되었다. 또한 현재 북방에서 '有+VP₂' 형식의 평서문에 대해서는 남성 응답자들은 여성 응답자에 비해 '부자연스럽다'라고 답한 응답이 많았다. 종합해보자면, 여성은 남성에 비해 전반적으로 '有+VP₂' 형식의 모든 유형을 자연스럽게 받아들이는 것으로 조사되었으며, 이것은 사회, 문화적 심리가 여성에게 미치는 영향과 관련이 있다.

현대 사회에서 과거 전통사회에 존재하던 남성과 여성에 대한 사회적 관념은 변화하고 있지만, 여전히 이러한 고정 관념들은 이미 전체 사회의 문화 패턴이 되었고, 문화 패턴은 언어에 반영되고 있다. 과거 전통 사회에서는 남녀에게 각각 다른 역할을 요구하며 남성에게는 적극적이고 진취적인 자세, 용맹함과 강건함을 기대하였고, 여성에게는 선량함과 겸손함, 세심함과 온유함, 따뜻함, 현모

양처를 기대했다. 이러한 사회적 기대는 남녀 간의 언어 차이를 야기해왔다. 언어 활동에서 남성들은 비교적 거친 어휘를 사용하는데 반해, 여성이 같은 언어를 사용할 경우 저속하며 여성스럽지 못하다고 비난하였다. 이러한 사회적 인식의 차이가 중국어에 반영된 대표적 예로는 '여국음(女国音)' 현상을 들 수가 있다. 戴庆厦(2008)에 따르면, 1920년대 북경의 일부 여자 중학교 학생들이 '坚'[tɕiæn55]을 [tsɨæn55]으로 읽거나, '学'[ɕye35]을 [sye35]로 읽는 것처럼 j[tɕi], q[tɕʰts], x[ɕi]를 z[tsɿ], c[tsʰɿ], s[sɿ]로 발음하였다고 한다. 이것이 북경어의 '여국음(女国音)' 현상이다. 1980년대에도 다시 북경 지역의 여국음(女国音) 현상을 조사했는데, 이러한 어음특징이 여전히 남아 있었다. 이러한 어음 특징은 북경의 젊은 여성, 특히 여학생에게 나타나는 독특한 현상이었다. 최근 일부 여성을 대상으로 한 표준어 능력 측정 시험 결과에서도 여국음의 추세는 여전히 확인되었다. 뿐만 아니라 또 다른 조사를 통해 이러한 현상이 북경의 젊은 여성에 국한된 것이 아니라 더 넓은 지역의 여성들에게까지 분포되어 있음이 확인되었다. 이와 같이 발음할 때 입을 벌리는 정도가 표준음보다 작은 '여국음' 현상은 사회가 여성에게 요구하는 모습을 반영하고 있다고 해석된다. 한편, 최근 증가하고 있는 '有+VP₂' 형식을 남성보다는 여성이 선호하고, 주도하고 있는 움직임은 이러한 사회 문화적 관념을 반영하고 있는 것이라고 볼 수 있다. 대만 드라마의 유입은 '有+VP₂' 형식이 유입된 주요한 경로였다. 매체를 통해 대만어를 접촉하면서, 어기사 사용이 많고 나긋나긋한 느낌의 부드러운 대만어 말투99)는 중국 대륙의 여자 청소년들에게 많은 인기를 끌었다. 대만 여자 아이들의 말투가 귀엽다는 인식아래, 대만어를 따라하게 되면서 대만어에서 유입된 '有+VP' 형식도 빠른 속도로 수용 가능하였던 것으로 보인다. 따라서 북방어에 비해 여성스러운 말투인 남방 방언, 대만어는 남성에 비해 여성에게 선호되었고, 이 과정에서 사용 빈도가 급증한 '有+VP' 형식 역시 남성보다는 여성에게 더 선호되는 것으로 보인다.

1.2.3. 지역별 차이

'有+VP$_2$' 형식의 수용도 현지 설문조사에 따르면, 출신 지역의 차이가 '有+VP$_2$' 형식의 수용정도에 따라 미치는 영향은 미미한 것으로 나타났다. 이것은 이미 '有+VP$_2$' 형식이 이미 북방지역 사람들의 언어 속에서도 영향을 미치고 있음을 시사한다. 때문에 교차분석 결과에 따르면 의문응답,[100] 상표지가 있는 의문문,[101] 상표지가 없는 의문문,[102] 상표지가 있는 평서문[103]의 예문에서 모두

---

99) 인간은 한 개인의 말에 대해서든 한 언어 공동체의 언어 전반에 대해서든 어떤 느낌을 가지게 된다. 즉, 인간은 언어에 대해 어떤 태도(attitude)를 취한다. 언어가 주는 자극에 의해 거기에 어떤 반응을 보이는 심리적 상태를 지니게 되는 것이다. 이처럼 어떤 태도가 바로 언어에 관한 것일 때 그 태도를 言语态度(language attitude)라 한다.

100) 의문응답1 F=10.035, 유의확률=0.401, 의문응답2 F=13.973, 유의확률=0.058, 의문응답3 F=13.564, 유의확률=0.138 의문응답4 F=13.566, 유의확률=0.135로써 의문응답인 경우에 모두 유의확률이 0.05보다 큰 수치가 나타났다. 이는 의문응답일 경우에 지역간의 차이가 없음을 나타낸다.

101) 상표지가 있는 의문문 1 F=6.709, 유의확률=0.804, 상표지가 있는 의문문 2 F=12.674, 유의확률=0.180으로 모두 유의확률이 0.05보다 큰 수치가 나타났다. 이는 지역 간의 차이가 없음을 나타낸다.

102) 상표지가 없는 의문문 1 F=11.232, 유의확률=0.293, 상표지가 없는 의문문 2 F=12.680, 유의확률=0.191로 모두 유의확률이 0.05보다 큰 수치가 나타났다. 이는 지역 간의 차이가 없음을 나타낸다.

지역 간의 차이는 나타나지 않았다. 다만, 상표지가 없는 '평서문'
인 예문2에서는 지역 차이가 나타났다. 이는 북방에서 '有+VP$_2$'
형식 중 가장 수용 정도가 낮은 것은 상표지가 없는 '평서문'임을
시사해주며 이러한 차이는 북경관화와 광동어의 비교에서 가장 뚜
렷한 것으로 나타났다.

예문 2)

교차표

			평서무상1		
			자연스럽다	그럭저럭 괜찮다	부자연스럽다
지역	관화 (북경)	빈도	2	6	10
		기대빈도	5.6	7.4	5.0
		지역 중 %	11.1%	33.3%	55.6%
	관화 (비북경)	빈도	14	26	11
		기대빈도	15.8	20.9	14.3
		지역 중 %	27.5%	51.0%	21.6%
	상방언	빈도	2	3	1
		기대빈도	1.9	2.5	1.7
		지역 중 %	33.3%	50.0%	16.7%
	오방언	빈도	4	4	4
		기대빈도	3.7	4.9	3.4
		지역 중 %	33.3%	33.3%	33.3%
	광동어 (민방언&객가방언)	빈도	9	2	1
		기대빈도	3.7	4.9	3.4
		지역 중 %	75.0%	16.7%	8.3%
	감방언	빈도	0	0	1
		기대빈도	.3	.4	.3
		지역 중 %	0.0%	0.0%	100.0%

---

103) 상표지가 있는 평서문 1 F=11.332, 유의확률=0.183, 상표지가 있는 평서문 2 F=
8.040, 유의확률=0.641로 모두 유의확률이 0.05보다 큰 수치가 나타났다. 이는 지
역 간의 차이가 없음을 나타낸다.

		평서무상1		
		자연스럽다	그럭저럭 괜찮다	부자연스럽다
전체	빈도	31	41	28
	기대빈도	31.0	41.0	28.0
	지역 중 %	31.0%	41.0%	28.0%

〈도표 8-10〉 상표지가 없는 평서문(예문 2)의 지역별 차이

위 조사 결과에서 광동어군에 속했던 응답자 중 복건 출신일 경우 설문지의 '有+VP' 형식의 예문을 모두 '자연스럽다'고 응답했다. 즉, 복건 출신 응답자는 상표지가 없는 평서문일 경우까지를 대부분 자연스럽다고 수용하고 있었다. 상표지가 없는 평서문에서는 '有'가 완료의 용법으로 사용된다는 점을 고려하면, 복건성의 민방언에서는 원대에 나타났던 '有'의 '완료'의 용법이 소실되지 않고 남아 있었음을 의미한다. 이러한 점은 중국어에서 남방 방언은 古语의 흔적을 많이 유지하고 있는 현상과도 일치한다. 이와 관련하여 李如龙(2001)은 福州 방언을 중심으로 한 남방 방언의 어휘 변화를 통시적으로 연구하면서 동남쪽 방언인 闽, 粤, 客家 방언이 가장 보수적이며 古语의 보유량이 가장 높다고 밝힌 바 있다. 설문 조사 분석 결과, 상표지가 없는 평서문인 '有+VP' 형식의 수용 정도에서 나타나는 북경과 복건성 지역 출신의 차이는 이러한 점에서 기인한다고 할 수 있다.

2. '有+VP' 형식의 공시적 변화 원인

2.1. 남방 방언의 영향

앞서 설문 조사 분석 결과에서 알 수 있듯이 복건성 지역 출신을 중심으로 한 남방 방언에는 '有'가 문법화가 진행된 용법으로 사용된 '有+VP$_2$' 형식이 보편적으로 사용되고 있다. 남방방언에서 사용되는 '有+VP' 형식을 고찰해보면, 先秦시기의 '有+VP' 형식에서 나타나는 유형과 유사하며, 동사 앞에 위치하여 완료상을 표현하거나, 동사의 실현을 강조하는 용법으로 문법화되는 양상을 살펴볼 수 있다. 이는 先秦시기의 '有'의 용법이 남방방언 속에서 잔류하여 유지되고 있음을 보여준다. 때문에 福州를 중심으로 한 남방방언에서는 先秦시기에 나타났던 有+VP 문형과 동일한 형식을 많이 찾아 볼 수 있다. 다음은 선진 시기 '有+VP' 형식과 동일한 구조를 보이는 福州 방언의 예이다.[104]

첫째, 1음절의 동사가 '有'와 결합한다.

(1) a. 子路有闻, 未之能行, 唯恐有闻。(《论语·公冶长》)
   자로는 가르침을 듣고 아직 실행하지 못했으면 다시 또 새로운 가르침을 들을까봐 걱정했다.

   b. 伊有讲, 我无讲。(他说了, 我没说。)

---

104) 이하에서 제시되는 福州 방언의 예문은 郑敏惠(2003)에서 제시한 福州 방언의 '有+VP' 형식을 인용하였다. 이들의 예문들은 先秦시기에서 나타났던 '有+VP' 형식의 유형과 유사함을 나타내기 위해 앞서 제시한 先秦시기 '有+VP' 형식의 예문과 비교하였다.

그는 말했지만 나는 말하지 않았다.

有洗乍会清气。(洗了干会干净。)

씻어서 말리면 깨끗해질거야.

둘째, '有+부사어+V' 형식이 존재한다.

(2) a. 以天下之所顺, 攻亲戚之所畔, 故君子有不战, 战必胜矣。(≪墨子≫)

천하의 따르는 바로써 친척 가운데 배반하는 자를 공격하는
것이기 때문에 군자는 싸우지 않으나 싸우면 반드시 이기게
되는 것이다.

 b. 伊有马上来。(他马上来了。)

그는 곧 왔다.

我有慢慢写。(我是慢慢写的。)

나는 천천히 썼다.

伊有认真做。(他是认真做的。)

그는 열심히 했다.

셋째, '有+V+빈어' 형식이 존재한다.

(3) a. 长治其乡, 而乡既已治, 有率其乡万民, 以尚同乎国君 (≪墨子·尚
同中≫)

오래도록 그 고을을 다스려서 그 고을이 이미 잘 다스려진
후, 그 고을의 모든 백성을 이끌어 나라의 임금과 뜻을 같이
하게 하였다.

 b. 伊有食熏, 我无食。(他抽烟, 我不抽。)

그는 담배를 피고, 나는 피지 않는다.

蜀日小王有拍批。(前天小王打牌了。)

그저께 小王은 마작을 하였다.

蜀冥晡汝有看录像无? (昨晚你看了录像没有?)

어제 저녁에 녹화테이프 봤니?

넷째, '有＋부사어＋V＋빈어' 형식이 존재한다.

(4) a. 人生实难, 其有不获死乎? (≪左传·成公二年≫)

사람이 살기가 실로 어려운데, 이 사람을 취한다면, 아마도
제 명에 죽지 못할 것입니다.

b. 我有认真做作业。(我认真做作业了。)

나는 열심히 숙제를 했다.

伊有快快食饭。(他很快就吃了饭了。)

그는 빨리 밥을 먹었다.

我有乞伊拍电话。(我给他打过电话。)

나는 그에게 전화를 걸었다.

다섯째, 先秦시기 고정격식으로 사용되던 '有＋VP' 형식이 존재
한다.

(5) 有失体统,   有伤风化,   有劳大驾,   有负重望,   有求必应,
    有恃无恐,   有抽有长,   有闻必录,   有增无减,   有碍沾光

이상과 같이, 福州를 중심으로 한 남방 방언에서는 先秦시기 '有
＋VP' 형식을 그대로 유지하면서 발화에서 자주 사용되고 있다. 이
러한 점은 남방에서 '有'의 의미는 소유나 존재의 의미를 보유하고
있는 것 외에도 문법화가 진행된 '완료'나 '강조'의 의미로 발전하
였음을 보여준다. 따라서 '有＋VP' 형식의 사용빈도가 높은 남방방

언에서는 '有'가 완료나 강조의 용법으로 문법화가 이루어져 자주 사용된다. 예를 들어 吳방언, 閩방언과 粵방언 속에서 '有'는 완료상 용법과 강조 용법으로 사용되는 용례를 자주 접하게 된다. 顔逸明(1994)는 吳방언에서 '有'는 동사나 형용사 앞에 놓여서 동작 행위의 실현을 나타내거나 동작행위의 긍정에 대해 강조한다고 밝혔다.

(6) 我阿哥这年有走归。　　(我哥哥今年回家了。)
　　나의 형은 올해 집에 돌아왔다.

(7) 衬衫有燥, 被单有燥。(衬衫干了, 被单干了。)
　　셔츠와 침대보는 다 말랐다.

(8) 佢大学有考牢。　　　(他考上大学了。)
　　그는 대학에 진학했다.

또한 閩방언에 대해서는, 许宝华, 宫田一郎의 ≪汉语方言大词典≫과 周长楫의 ≪厦门方言辞典≫에서 "厦门 방언 속 '有'는 동사나 형용사 앞에서 '了', '过', '已'에 해당하는 기능을 한다"고 밝힌 바 있다.

(9) 花有红。　　　　(花红了。)
　　꽃이 붉어졌다.

(10) 我有接着你的批。(我已经收到你的信了。)
　　　나는 이미 너의 편지를 받았다.

한편, 白宛如의 ≪广州方言大辞典≫에서는 粵방언의 '有'는 동사성 단어 앞에 놓여 이미 발생함을 나타내거나 강조의 어기를 부가하는 기능이 있다고 언급하였다.

> (11) 你有读书冇呢?　　(你读过书没有呢?)
>　　나는 책을 읽었니, 안 읽었니?
>　　我有读书。　　　　(我读过书。)
>　　나는 책을 읽었어.
> (12) 佢有讲过呢件事咩? (他讲过那件事吗?)
>　　그는 그 일을 말했니?

 이상과 같이 남방 방언에서 '有'의 완료상과 강조의 용법은 많은 학자들이 지적한 바대로 보편화되어 있다. 또한 설문 조사에서 나타났듯이, 이러한 '有'의 완료와 강조 용법은 복건성을 중심으로 한 지역에서 특히 많이 분포되어 있다. 그렇다면, 북방에서는 '了'의 등장 이후 사라졌던 '有'의 '완료' 용법이 복건성을 중심으로 한 남방방언에서는 여전히 잔류해있는 것은 어떠한 이유 때문일까? 이는 복건성이 지형적 요인으로 외부와의 접촉이 제한되어 왔다는 점과 관련이 있다.

 Holmes(1992 : 235)에 따르면 언어 변화는 외부와의 접촉이 극히 제한되어 있는 곳일수록 그 속도가 느리다고 한다. 지구상에서 사라져 가는 언어가 그나마 명맥을 유지하고 있는 곳이 외부로부터 고립된 곳이라는 것은 잘 알려져 있다. Scots Gaelic어가 뉴질랜드의 East Cape에, 이탈리어나 불어의 古形이 이탈리아나 스위스의 작은 산골 마을에 가장 잘 보존되어 있다는 것이 그 일례이다.[105]

---

105) 언어 변화를 가장 적게 겪는 지역으로 널리 알려진 가장 대표적인 곳은 아이슬란

이와 관련하여 이해우(2001)에서는 閩방언의 백화음이 타방언에서 발견되지 않는 상고음의 성분을 아직도 유지하고 있는 것은 복건의 지형적 요인 때문이라고 지적하였다. 복건의 지형은 90%가 산과 구릉으로 이루어져있고 산맥은 복건성을 감싸고 있어 다른 곳에서 접근하기 힘든 지세를 갖추고 있다. 복건인은 이러한 지세로 인하여 자신들의 고유한 언어를 오래도록 보존하는 데 매우 유리한 조건을 지니고 있었다.[106] 때문에 복건의 민방언에는 상고음을 유지하고 있는 예가 많이 발견되는 것이다. 따라서 元代에 나타났던 '有'의 완료적 용법이 북방에서는 '了'의 등장과 함께 모두 '了'로 대체되는 양상을 보이지만 복건을 중심으로 한 남방에서는 '有'의 완료 용법을 보유하고 있음도 이와 무관하지 않다.

그런데 최근 북방에서는 '有'의 완료상과 강조의 용법이 재등장하는 현상이 출현하고 있다. 이에 대해 일찍이 赵元任은 ≪汉语口语语法≫(1979 : 331)에서 이미 남방 방언에서 '有'의 긍정 완료상 표지 용법이 북경을 중심으로 한 표준중국어에 영향을 끼치고 있음을 지적한 바 있다.

"从广州话(以及台湾闽南话)传入普通话的一个新用法是用'有'作为'没有'的肯定形式。人有看见没有？　跟南方人接触多的人中间已经相当被承认合法，虽然答话'有'还是刺耳。"

드다. 다른 세계에서 멀리 떨어져 있는 이 섬은 13세기 이래 이렇다 할 언어 변화를 겪지 않아 방언 분화조차 거의 없는 세계에서 예외적으로 존재하는 단일언어국가로 알려져 있다. 아이슬란드는 외부와의 단절이 언어 변화를 막는 요소임을 표본적으로 보여주는 곳이다.

106) 이해우(2001)에서 인용.

광주어 및 대만 민남어로부터 들어온 표준어의 새로운 용법은 '有'가 '没有'의 긍정형식으로 사용되는 것이다. (人有看见没有?) 비록 대답에서 '有'의 사용은 여전히 어색하게 들리지만 남방사람들과 접촉이 많은 사람들 중에는 이미 상당부분 문법적인 것으로 인정하고 있다.

설문 조사에 의하면, 赵元任의 지적대로 표준중국어에서 '有+VP' 형식의 사용이 점점 증가하고 있는데, 특히 '有'가 상표지가 있는 환경에 출현하여 '강조'의 용법으로 사용되는 용례가 '완료'의 용법으로 사용되는 예보다는 높은 수용도를 보였다. 또한 '有没有VP', '有VP吗', 'VP没有' 의문문의 대답 형식에서 긍정의 의미로 '有' 또는 '有+VP' 형식으로 답변하는 것 역시 자연스럽게 받아들여지고 있다.

(13) A : 赵薇演的电影你有看吗?

　　　　趙薇가 나온 영화 너 봤니?

　　B : 是的, 都有看。 / 有啊, 一部没落。

　　　　응. 모두 봤지. / 봤지. 한부도 안빼먹었어.

(14) A : 你们有没有合作过?

　　　　너희들은 협조했니?

　　B : 有。

　　　　했어.

(15) A : 你有抽烟吗?

　　　　너는 담배 피웠니?

　　B : 有时候有抽。

　　　　가끔 피워

(16) A : 他跟你生过气没有?

그는 너에게 화낸 적 있니?

    B : 有。

        있어.

이러한 흐름과 함께 북방에서는 평서문에서의 '有+VP' 형식의 사용빈도 역시 증가하고 있는 추세이다. 이와 같은 '有+VP' 형식의 보편화는 북경 중앙 방송의 드라마나 광고 심지어 뉴스에서도 완료상 표지로서의 '有'가 사용된다는 점에서도 파악해볼 수 있다.

(17) 吕丽萍：亿利甘草良咽, 清凉滋润, 舒畅咽喉。

    吕丽萍：亿利 회사의 甘草良咽은 목구멍을 시원하고 편안하
             게 하고 상쾌해지게 한다.

    葛　优：我有吃。

    葛　优：나는 먹어봤어.

(CCTV1, 2002-10-08, 亿利医药广告)

(18) A : 有没有磕了? 碰了?

       부딪쳤니?

    B : 有。

       부딪쳤어요.

(中央人民广播电台, 2004. 03. 13)

(19) 我每天都有喝旺仔牛奶。

    나는 매일 旺仔 우유를 먹어.

(CCTV-1 广告词, 2002. 7)

이상과 같은 예들이 북방에서 사용되고 있다는 사실은 남방에서 사용되던 완료상 표지 '有'의 용법이 북방에 영향을 끼쳤음을 시사한다. 이러한 현상은 '有没有+VP' 의문문이 표준중국어에서 완료

의문문의 합법적 문장으로 자리 잡게 되기까지의 과정과 매우 유사하다. 사실 '有+VP' 형식의 증가에 영향을 준 '有没有+VP' 의문문 형식도 남방에서 사용되던 문형이 북방에 영향을 주어 나타난 형식이다. 이와 관련하여, 赵元任(1979)은 '有没有+VP' 형식은 대만어와 광동어가 표준어에 전해져 탄생된 문형이라고 밝혔고, 邢福义(1991)에서도 '有没有+VP' 형식은 원래 동남 해안 지역에서 사용하던 문형인데 정부의 대외정책이 시행된 이후에 모어를 粤语나 闽语로 하는 화교들과의 접촉이 늘어난 이후 북방에서도 급속도로 사용이 증가하였다고 밝힌바 있다. 또한 邢福义는 '有没有+VP' 의문문이 북방에서 아직은 어색하게 여겨지는 경향이 있지만 곧 표준어의 범주에 속하게 될 것이라고 예측하였는데, 그 예측은 20여 년이 지난 현재 현실화되었다. ≪普通话水平测试大纲≫에서 이미 '有没有+VP' 의문문을 완료 의문문의 한 유형으로 인정하고 있기 때문이다.

이렇게 남방 방언이 북방 표준어에 영향을 준 사례는 '有'의 용법의 경우에만 해당되는 것이 아니다. 예를 들어, '刚刚'이란 부사도 남방에서 사용된 것이 북방에 전해져 사용되었다. 또한 '그는 북경에 갔다.'의 표현을 함에 있어서, 과거 북방에서는 '他到北京去了。'와 같은 구조로 발화하였지만, 남방에서는 '他去了北京。'과 같은 형식이 사용되었었다. 북방에서 빈어의 위치에 도달하는 장소가 단순 결합하는 것이 허용되지 않았던 때에는 이와 같은 남방 방언의 형식이 매우 어색하게 여겨졌지만 현재에는 북방에서도 '他去了北京。'과 같은 남방식 표현 구조가 오히려 더 자연스럽게 사용되고 있다. 즉, 언어는 끊임없이 사회적 교류 등을 통해 상호 영향을 받으면서 변화하는데 표준어와 방언 사이에도 그 영향은 단방향으로 작용하는 것이 아니라 쌍방향으로 상호 영향을 주고받는 것이다.

2.2. 외래어의 영향

앞서 우리는 최근 북방에서 나타나고 있는 '有+VP' 형식의 증가의 원인에 대해 '有'의 문법화와 남방방언의 영향에 대해 살펴보았다. 이와 같이 언어들은 내적인 요소뿐만 아니라 외적인 변화 요소를 통해서도 변화하고 있다. 언어가 사용되고 있는 한 모든 언어는 시간에 따라 변화한다. 또한 어떠한 사회 구성원과 언어 사용자도 다른 사회 구성원이나 타 언어의 사용자와 전적으로 고립되어 있지 않다. 최근에는 국제 사회의 교류가 빈번해짐에 따라 언어의 변화를 연구할 때 언어의 외적 요소로서 국내의 방언과의 영향뿐만 아니라 타언어의 영향이 매우 중요한 요소로서 주목되고 있다. 때문에 '有+VP' 형식이 북방에서 최근 빠른 속도로 증가한 이유로 외래 문법의 유입을 주장하기도 한다.

孔见(2002)에서는 최근 10년 사이에 영미권의 영화, 드라마, 문학 작품의 번역본에서 '有+VP' 형식이 자주 출현함을 지적하며 이것은 영미권의 문화 교류가 빈번하게 되면서 영어의 어법이 홍콩, 대만어 어법에 상당한 영향을 미쳤기 때문이라고 주장했다. 개혁개방 이후, 홍콩, 대만을 시작으로 유입된 영미권의 언어 현상이 중국 대륙의 표준어에도 영향을 끼쳤다. 이 과정 속에서 영어의 'have'

의 용법이 자연스럽게 중국어 용법에도 영향을 끼치게 되었고, 특히 소유동사로 완료상을 표시하는 'Have/Had+P.P'의 용법은 언어의 인지 과정의 흐름과 남방방언의 영향으로 서서히 변화를 겪고 있는 '有'의 완료상 표지 기능을 가속화시키는 결과를 가져왔다. 때문에 영미권의 문학작품들이 중국어로 번역될 때, 완료의 표현인 'Have/Had+P.P' 형식은 자연스럽게 '有+VP' 형식으로 번역되었는데, 이는 다음을 통해 확인해볼 수 있다.

(1) You've bought porcelain dolls?

你有买瓷娃娃。

너는 도자기 인형을 샀었니?

(You've Got Mail 《网上情缘》, 宁夏文化音像出版社)

(2) A : Have you ever thought of publishing a book?

你有没有想过出本书?

너는 출판을 생각해본 적 있니?

B : Yes, I have.

有想过。

생각해 봤어.

(You've Got Mail 《网上情缘》, 宁夏文化音像出版社)

(3) Have you heard from Mrs. John Knightly Lately?

你最近有收到约翰·奈特利太太的信吗?

너는 John Knightly 소식을 들었니?

(Emma 《爱玛》, 译林出版社)

이상과 같이 영어의 'Have+P.P' 표현은 중국어에서 '有+VP' 형식으로 대부분 번역되어 오고 있다. 이러한 점은 북방에서도 '有' 의 완료상 용법을 더욱 자연스럽게 받아들이게 하는 요소로 작용하였을 것이라 추정된다. 이와 관련하여 包铭新(2001)은 홍콩의 젊은 층에서 '有+VP' 형식의 사용빈도가 가장 높다는 점을 지적하며, 이는 영어 교육 수준이 높고 오히려 중국어 교육 수준이 낮기 때문이라고 하였다.

이와 같이, 외래 문화적 요소는 문법 발생에 영향을 미친다는 것을 보여주는 또 다른 예가 있다. 과거 표준중국어에서 피동문은 서면어에서 자주 등장하는데 구어에서 사용된 경우 대부분 불행하거나 유쾌하지 않은 일을 나타내었다. 그러나 최근 중국어 구어를 살펴보면 '马路被修好了(길이 보수되었다)'와 같은 화자가 원하지 않는 일이 발생하였을 때 사용된다는 '被' 피동문의 기본 원칙에 위배되는 피동표현의 사용 빈도가 높아지고 있다. 또한 이러한 현상이 피동의 표현이 비교적 보편적인 영어 문법을 습득한 젊은 층을 중심으로 나타나고 있다는 점은 흥미로운 사실이다. 즉, 우리는 언어를 사용하면서 끊임없이 타언어의 영향을 주고받고 있으며, 그것이 언어 내적 변화와 일치할 경우 빠른 변화의 흐름을 보이게 되는 것이다.

이 책은 인지 언어학과 문법화의 관점에서 '有'의 의미와
'有'와 결합하는 빈어의 특징을 파악하는 것을 목적으로 하였
다. 필자의 고찰에 의하면 '有'는 문법화 이전에는 NP 성분의
빈어와 결합하여 소유의 원의미에서 은유적으로 확장된 의미
를 산출한다. 또한 이러한 확장 의미는 소유의 원의미를 공유
하며 의미 연쇄를 이루고 있다. 한편, '有'의 문법화가 진행됨
에 따라 '有'는 빈어로 동사적 성분이나 주술구조, 겸어구조,
연동구조와 같은 구도 취할 수 있다. 이 때 '有'는 의미적 측
면에서 '소유'의 원의미가 허화되었으며, 품사적으로도 동사적
성격이 약화되는 양상을 보인다. 최근 북방에서 급증하고 있는
有+VP$_2$ 형식에서는 '有'의 원의미가 허회되고, 결합하는 빈어
도 NP 성분에 국한되지 않는다는 점에서 문법화 후기 단계의
특징이 나타난다. 이 책에서는 이와 같이 '有'와 결합하는 빈
어의 성격이 차츰 변화하고 있다는 점에 주목하여 '有'가 NP

성분과 결합하는 형식에서부터 VP 성분과 결합하는 형식에 이르기까지의 문법화 과정을 살펴보았다. 최근 북방에서 有+VP₂ 형식이 증가하고 있는 점에 대해 많은 선행연구에서는 남방방언의 영향과 '유추'에 의한 결과물이라는 관점에만 치우쳐 있었다. 때문에 '有'의 문법화 원리에 대한 고찰은 간과하였으며, '有'의 문법화 기제에 대해서는 '유추' 이외의 다른 문법화 기제에 대해서는 언급하지 않고 있다는 한계점을 가지고 있었다. 이 책은 '有'의 의미변화와 '有' 빈어의 성격 변화에 대한 전면적인 고찰을 통해 '有'의 문법화의 원리와 기제에 대해 보다 체계적으로 분석하였다. 이러한 고찰은 다의어로 분류하여 취급하였던 '有'의 다양한 의미들 속에서 원형의미가 어떻게 작용하는지를 살펴보고, 문법화가 진행되어 그 의미가 많이 허화되어 보이는 구문들 속에서도 '有'의 원의미가 어떻게 작용하는지 살펴볼 수 있다는 점에서 의의가 있다.

'有'의 초기 문법화 단계에서는 확장 의미로 분류되었던 '존재', '비교', '도달', '변화' 등에서 나타나는 '그릇 은유'를 살펴보면서, '有'가 구체성에서 추상성으로의 전이로 이루어지는 전형적인 은유의 유형을 지니고 있음을 고찰하였다. 한편, 기존에 '有'의 의미로 해석되었던 '소유'와 '포함', '비유', '존재', '도달', '변화'의 의미들은 '有'와 관계를 맺고 있는 소유주와 소유대상의 유형에 따른 변화에서 비롯된 '외적 소유'와 '내적 소유'의 의미로 분화됨을 영상도식을 통해 확인하였다. 또한 이와 같이 '은유'를 통해 확장된 의미일 경우, '有'는 빈어로 NP 성분을 취한다는 점은 후기 문법화 과정에서 나타나는 有+VP₂ 형식에서 '有'의 빈어인 VP가 동사적 성격을 가진다는 점과 차이를 보인다.

한편, 有자문을 정보구조적인 관점에서 고찰해보면 '有'의 빈어는 청자와 상관없이 화자의 마음속에 존재하는 특정한 개체를 지시한다. 이러한 점은 비한정 빈어를 갖는다고 간주되어왔던 有 존재문과 有 관계구문에서도 빈어가 특정성을 지닌다는 점에서 확인해볼 수 있었다. 또한 有 빈어가 '특정성'을 지닌다는 점은 비한정 명사구 '一个人'이 문두에 출현할 수 없었다가 '有'와 결합한 후 문두의 위치에서 주제화할 수 있는 이유를 설명할 수 있다. 주제(topic)는 전형적으로 한정 명사구의 특징을 지니며 문두에 위치한다. 명시적으로 한정적이지 않은 명사들이 주제화가 가능하기 위해서는 몇 가지 수단으로 가정된 친숙성을 얻어야 하는데, 이에 대해 이정민(1992)은 '한정성에 육박(approximate)'이라는 용어로 설명한다. 비한정 명사구 '一个人'이 주제화할 수 있기 위해서는 '一个人' 앞에 '有'를 부가하여 '有'의 빈어가 되게 함으로써 '특정성'을 지니게 하는 수단이 필요하다. 화자가 특정한 대상을 지칭하는 것을 전제하는 '특정성'은 '한정성에 육박'하는 표현이 되기 때문이다. 이러한 '有' 빈어의 특정성으로 인한 주제화 기능의 부가는 [비한정 수량사+양사+명사]의 구를 '한정성에 육박한 표현'이 되게 함으로써 주제화를 가능하게 하였다.

이 책은 '有' 빈어가 갖는 또 다른 특징으로 '지칭성'을 지적하였다. '특정성'의 개념이 발화 이후의 상황 즉 화용론적 관점인 정보구조면에서 화자와 청자 사이에 공유하는 개체가 있느냐에 따라 구분된 개념이라면 '지칭성'은 발화 이전에 발화체의 의미 구조를 재구성하는 화자에게만 적용되는 인지적 관점으로 특지(特指)하는 실체가 없는 '총칭'의 의미에 상대되는 개념이다. 이러한 지칭성은 앞서 화자와 청자의 정보흐름 관계로 구분되었던 '특정성'을 갖는 성분들이 모두 갖는 특징이기도 하다. 따라서 '지칭성' 역시 '有' 빈어가 갖는 주요한 특징인데, '지칭성'은 '有'가 들어 있는 구문에서 '有'의 의미와 기능을 설명해준다. 有+VP 형식에서 '有'는 동작의 전체 과정이 아닌, 초점값으로 두는 특정 구간만을 나타내어 과정의 일부분만을 지칭하게 되어 '부분성'을 산출한다. 이러한 점은 有+VP 형식과 '有'가 생략된 구문과의 차이점을 설명해주는데, VP의 부분성을 나타낼 필요가 있다면 반드시 '有'를 부가하여 有+VP 형식으로 표현한다는 점에서도 확인해 볼 수 있었다. 한편, '有' 빈어의 '지칭성'은 '有'가 비교문에서 '这么', '那么'가 필수적인 이유이기도 하다. '有'가 비교, 비유의 의미로 사용되었을 때, 긍정 형식에서 단독의 형용사가 '有'와 결합할 수 없고, 그 형용사의 정도를 한정해주는 성분이 필요하기 때문에 '这么', '那么'가 요구된다. 즉, '有'가 비교문의 긍정 형식에서 '这么', '那么'를 요구하는 이유는 '有'의 빈어가 갖는 지칭성을 명확히 하기 위함이다. '有'는 '상태'를 빈어로 취할 경우, 그 상태의 정도에서 모호한 정도를 나타낼 수 있는데, 이것은 특정성을 갖고 특정한 값을 지칭하는 '有' 빈어의 지칭성의 용법과 상충된다. 때문에 비교문과 같이 상태 빈어를 갖는 경우 '这么', '那么'로 상태의 정도를 구체화, 지칭화한다. 또한 이러한 점은 '有'가 도달의 의미를 나타낼 경우, 단독 형용사의 지칭성을 부가하기 위해 형용사의 의미 범주를 한정

해줄 수 있는 성분으로 '수량사' 성분을 요구한다는 점에서도 확인된다.

한편, '지칭성'의 특징은 '有'가 '강조'의 기능을 하는 것과 연관되어 있다. 지칭하는 대상이 존재함을 전제하는 소유나 존재를 나타내는 동사가 어떠한 대상을 지정 또는 지칭하는 의미로 확장된 현상은 인류 보편적인 인간의 인지 작용에 의해 기인한 것으로써 범언어적 현상이다. 이 책은 소유, 존재동사와 지칭의 의미적 관계를 살펴보면서 중국어에서 '是'와 '有'가 공통적 기능을 가지는 이유에 대해서도 설명하였다. 또한 '是'와 '有'의 용법에서 발생하는 차이점은 서로 다른 원의미에서 파생된 용법이기 때문이라는 점 역시 지적하였다.

다음으로 이 책에서 필자는 '有'의 빈어는 정태성과 변화성을 동시에 가지고 있음을 지적하였다. '有'는 동사이기는 하지만, 동작을 나타내지 않고 그 자체가 정태성을 보유하고 있는데, 이러한 '有'는 빈어와 결합했을 때 역시 정태성을 보유한다. 이는 동작 과정의 의미가 있는 동작동사와 결합했을 때도 역시 정태성을 보유한다는 점에서 살펴볼 수 있었다. 沈家煊(1995)에 따르면 동작은 '有界'와 '无界'로 나눌 수 있는데 '有'와 결합한 동사는 시간부사 '已经'과 상표지 '了' 없이도 '有界' 동작의 의미를 산출한다. 때문에 동작동사라 할지라도 '有'와 결합한 VP는 '有界' 동사로 전환되었다. '有'는 동사빈어를 취할 때, '有'의 빈어를 정태화시키기 때문에 동사의 동작이 사건화되기 때문이다. 이 때, '有'가 가지는 '정태성'은 형용사가 가지는 의미 속성인 '상태성'과는 다르다. '有' 동사로 표현되는 사건의 '정태성'과 형용사로 표현되는 '상태성'은 모두 시간의 흐름에 따른 상태의 변화가 정적인 것이라는 점에서는 같지만, 형용사에 의해 나타나는 '상태성'은 시작점과 끝점이 없어 모습의 변화가 없는 반면에, '有'로 인한 정태성은 동작의 완료점을 시작점으로 하고, 동작의 완료의 지속이 사라지는 시점을 끝점으로 하는 시간 범위 안에서 인식되는 모습으로, 시작점과 끝점에서 모습의 변화가 일어난다는 차이를 가진다. 즉, '有'는 정태성을 가지는 동시에 변화성이란 특징 역시 갖는다. 따라서 '有'는 동작이 일어난 이후 결과 상태를 지칭함에 따라 생기는 동작의 전과 후의 '변화'의 의미를 산출하기 때문에, VP 성분을 빈어로 취할 경우 '변화', '발생'의 의미를 가진 동사빈어를 선호한다.

또한 이 책에서는 '有'의 문법화 변화가 잘 나타나 있는 有+VP 형식의 유형을 有+VP$_1$ 형식과 有+VP$_2$ 형식으로 분류하고 '有'의 문법화 현상을 살펴보았다. 有+VP$_1$ 형식에 '有'는 동사적 성격을 보유하고 있으며, 때문에 '有'와 결합한 동사는 명사화되어 빈어로 해석되었다. 이러한 특징으로 인해서 有+VP$_1$ 형식에서 부사의 위치는 동사의 기능을 하는 '有' 앞에 놓이며 '有'와 결합한 동사는 명사화될 수 있는 2음절의 명동사만이 가능하였다. 한편, 有+VP$_1$ 형식에서 의미상 중심동사의 역할을 하는 성분은 '有'가 아닌 VP라는 점은 '有'의 동사적 의미가 약화되는 문법화의 초기 모습이라고 볼 수 있다. 有+VP$_1$ 형식은 문법화 과정의 초기 단계에 속하는 '개념의 전이'인 은유 단계에 속한다. 즉, 有+VP$_1$ 형식은 문법화 진행 단계의 초기 모습을 보인다고 볼 수 있으며, 이는 문법화가 완전하게 이루어진 有+VP₂ 형식의 전단계의 모습이라고 할 수 있다.

有+VP₂ 형식에서 '有'는 동사적 의미인 '소유'나 '존재'의 의미가 허화되어 '완료'의 의미로 해석되거나 사건의 발생을 긍정적으로 강조하는 '강조'의 의미로 해석된다. 강조를 나타내는 '有'가 사용되는 환경을 살펴보면, 일반적으로 상표지나 시간부사가 사용된 有+VP₂ 형식에서 사용되는 경향이 있었다. 상표지나 시간부사가 있는 경우, 有+VP₂ 형식에서 '有'는 완료를 나타내는 상표지로 기능하지 않고, 사건의 실현성에 대한 강조만을 나타내는 성분이기 때문에 대부분 문장에서 생략이 가능하다. 이와 달리, 문장에서 다른 상표지가 없는 有+VP₂ 형식에서 '有'는 완료를 나타내는 상표지 기능을 한다. 따라서 상표지 역할을 하는 '有'는 문장에서 생략할 경우, 의미가 달라지기 때문에 생략이 불가능하였다.

한편, 중국어는 세계 언어의 완료상 발달 양상을 고려할 때 북방에서는 완료 의미의 동사에서 파생된 상표지 '了'가 발달하였고, 남방에서는 소유동사에서 파생된 '有'가 사용된다는 점에서 세계 언어의 완료 표지의 두 경향을 모두 갖고 있는 언어로 볼 수 있었다. 이러한 두 경향성은 북방에서 완료의 긍정은 완료 의미 동사에서 파생된 상표지 '了'로 표현하고, 완료의 부정은 소유동사에서 파생된 '没有'로 한다는 점에서도 드러난다. 또한 有+VP 형식은 'have+P.P' 형식과 의미적으로 대응되는 모습을 보인다. 영어에서 소유동사 'have'가 완료의 의미로 사용될 때 결합하는 동사는 반드시 과거 분사의 형태를 지니고 있어야 한다. 과거 분사란 달라지는 동사의 여러 모습 중 마지막 장면에 초점을 두어 결과를 나타내는 의미구조이다. 이에 대해, Langacker(1987 : 221)는 현재분사가 상황의 중간을 나타내어 상태화하는 반면, 과거분사는 동사의 동작 과정 중에서 마지막 상태만을 초점으로 하여 나타낸다고 설명하였다. 이와 마찬가지로 중국어에서 '有'와 결합한 동사는 동작의 과정을 부각하지 않고 결과값만을 지칭함으로써 명사화되는 특징을 갖는다. 따라서 중국어에서 '有'와 결합한 동사가 명사화된다는 것은 영어의 용어를 빌리자면 '과거 분사'화 되었다고 할 수 있다.

소유동사와 완료상의 인지적 대응 관계에 따른 발전은 소유동사 '有'가 '완료'의 의미를 산출하는 기제로 작용하였다. 또한 결과값을 지칭할 수 있어야 한다는 제약 때문에 명사화가 가능한 동사만이 초기 有+VP$_1$ 형식에서는 허용되었지만, 이것이 언어의 '유추' 과정을 거쳐 점차 일반화되면서 거의 모든 동사가 '有'와 결합할 수 있게 되면서 현재 표준중국어에서 증가하고 있는 有+VP$_2$ 형식이 등장하게 되었다고 판단된다.

이 책의 후반부에서는 중국 현지 설문조사 분석을 통해 최근 북방에서 증가하는 有+VP 형식의 수용 현황과 변화 원인을 살펴보았다. 현대 중국어에서 有+VP$_2$ 형식은 閩방언과 粵방언과 같은 남방 방언에 발달해 있고, 북경을 중심으로 한 표준중국어에서는 사용이 매우 제한적이었다. 하지만 1990년대 이후로 표준중국어에서도 有+VP$_2$ 형식의 용례를 많이 접할 수 있는데, 이는 세계의 모든 언어에 거의 일정한 패턴으로 존재하는 보편적 인지 과정과 언어 자체의 변화흐름, 언어의 교류라는 사회적 요소의 영향 등을 반영한 자연스러운 결과라고 할 수 있다.

필자의 통시적 분석 결과, 동사가 '有'와 결합하는 有+VP 형식은 선진시대 문헌에서도 다수 발견되었다. 다만 선진 시대의 대부분의 有+VP 형식은 '有所+VP' 혹은 '有所+VP+者'의 의미와 대응되었다. 즉, 선진시대의 有+VP 형식에서 '有'는 소유나 존재의 동사적 기능을 담당하고 있는 문법화 이전의 단계로 볼 수 있고, VP는 의미적으로 명사처럼 해석되나 현대 중국어에서 명사화되는 VP의 특징과 다르게 자신의 부사어와 목적어를 자유롭게 취할 수 있었다. 이러한 선진시대에 나타났던 有+VP 형식과 다르게 元代 문헌에서 나타나는 有+VP 형식을 살펴보면, '有'는 소유, 존재와 같은 자신의 동사적 의미를 잃고 상표지로서 기능하는 용례가 나타난다. 한편 원대에는 有+VP 형식과 함께 현대 중국어의 완료상 표지 '了'가 함께 나타나는 것을 살펴볼 수 있다. 10세기 무렵부터 완료상을 나타내는 표지로 '了'가 통용되기 시작하면서 '有'가 완료를 나타내는 용법은 점차적으로 소실되는 양상을 보인다. 이러한 점은 필자가 조사한 선진시기와 원명시기 문헌의 有+VP 형식 비교에서 확인되었다. 이와 같이 '有'의 완료 용법을 '了'가 대체해가면서 남방에서만 '有'의 완료 용법이 잔존하고, 북방에서는 소실되었는데, 1990년대 말 이후로 북방에서 다시 '有'가 완료의 용법으로 사용되는 有+VP₂ 형식이 급증하는 모습을 보인다. 이 책에서는 1990년대 드라마와 2010년대 드라마에서 나타나는 有+VP 형식을 비교함과 더불어 북경 현지 조사를 통해서 현재 급증하고 있는 有+VP₂ 형식의 현황을 확인해볼 수 있었다. 또한 설문조사 결과, 有+VP₂ 형식의 유형 중에서는 有没有 의문문의 응답형식에 사용된

'有'나 상표지가 있는 문형에 사용된 有+VP 형식의 수용도가 비교적 높았다. 有+VP₂ 형식에서 가장 수용도가 떨어지는 문형은 상표지가 없는 평서문이다. 따라서 상표지가 없는 평서문일 경우 그 수용 정도에 있어서 성별의 차이와 지역의 차이가 모두 나타났다. 성별 차이에 있어서는 여성이 남성에 비해 有+VP₂ 형식을 자연스럽게 받아들이는 것으로 조사되었는데, 이것은 사회 문화적 심리가 여성에게 미치는 영향과 관련이 있을 것이라 추정된다. 북방어에 비해 여성스러운 말투인 대만어에서 많이 사용되는 有+VP₂ 형식은 1990년 말 이후로 매체를 통해서 많이 전파되었는데, 이 때 어기사의 사용이 많고 나긋나긋한 느낌의 부드러운 대만 말투는 중국 대륙의 여자 청소년들에게 특히 선호되었다. 이 과정에서 有+VP 형식도 빠른 속도로 수용 가능하였던 것으로 보인다.

한편, 설문조사 결과 閩방언을 사용하는 응답자는 有+VP 형식을 대부분 모두 자연스럽다고 응답하였는데 이것은 복건 지역에서는 元代에 등장하였던 '有'의 용법을 보유하고 있었음을 나타낸다. 또한 이러한 점은 복건의 지형적 특징이 영향을 끼쳤기 때문인데 복건성은 지형적으로 산맥이 감싸고 있어서 다른 곳에서 접근하기 힘든 지세를 갖추고 있다. 이러한 점은 閩방언에 많은 상고음이 남아있고, '有'의 완료 용법과 같은 고문법 역시 많이 보유하고 있는 요인으로 작용하였다. 이와 같이 민방언에 주로 남아있던 有+VP₂ 형식은 1990년 말 교류가 급증하면서 자연스럽게 북방으로 유입된 것으로 보인다. 다만 남방방언에서 특히 有+VP 형식이 북방에서 빠른 속도로 수용 가능했던 것은 북방 언어 내적으로도 끊임없이 이러한 현상을 받아들일 배경이 갖추어져 있었기 때문이다. 이것은 인류 보편적으로 나타나는 소유와 완료상간의 의미의 내적 대응 관계에서 기인한다. 즉, 최근 有+VP$_2$ 형식의 수량 증가는 소유동사로 완료상을 나타내는 인간의 내적 인지 과정과 언어 내부의 문법화 과정, 외부 언어의 접촉과 교류에 의한 종합적인 결과물이다.

참고문헌

1. 논문

김현철(2003), <몇 가지 중국 어법 용어 정의 문제에 대하여>, 중국어문학논집 25호.

박재승(2007), <'有点'의 의미 선택 제한에 관한 연구>, 중국학연구 41집.

박정구(2000), <「有-NP-VP」结构>, 중국어문논총 19집.

박종한(1990), <명사구의 한정성과 중국어의 주제>, 성심여자대학 논문집 22집.

_____(1999), <(很)[有NP] 구성의 어휘화에 대한 고찰>, 중어중문학 25집.

백은희(2006), <중국어의 비한정 주어 출현 현상에 대한 연구>, 중국문학 47집.

손경옥(2003), <'有'는 형식동사인가?>, 중국어문논총 24집.

_____(2004), <동사 '有'의 문법화 현상 연구>, 중어중문학 34집.

박종한(1990), <명사구의 한정성과 중국어의 주제>, 성심여자대학 논문집 제22집.

이기동(1985), <동사 HAVE의 의미> 언어교육29호.

이은주(2001), <현대중국어 時相 표지 '了'에 대한 고찰>, 중국어문논총.

이재성(2000), <국어의 시제와 상에 대한 연구>, 연세대학교 박사학위 논문.

이정민(1992), <(비)한정성/(불)특정성 대 화제(Topic)/초점>, 국어학 22집.

이해우(2001), <대만어의 형성과정에 대한 고찰>, 중어중문학 28집.

임경희(1996), <'有'字用法研究>, 중국연구 18집.

임지룡(1997), <영상도식의 인지적 의미 특성>, 语文学 60집.

전영철(2002), <한정성효과>, 언어와 정보 제6권 22호.

_____(2004), <한국어의 복수성과 총칭성/한정성>, 언어와 정보 제8권 2호.

_____(2005), <한국어의 소위 특정성 표지들에 대하여>, 언어 Vol.30 No.4.

최해영(1995), <영어의 완료상(The Perfect aspect)에 관한 연구>, 서경대학교논문집.

한동완(1999), <국어의 시제 범주와 상 범주의 교차 현상>, 서강인문논총(Humanities journal) Vol.10.

홍연옥(2009), <형식동사의 의미기능 연구>, 서울대학교 석사학위 논문.

_____(2013), <'有'의 의미기능과 문법화 연구>, 서울대학교 박사학위 논문.

蔡　玮(2000), <带定指兼语的"有"字句>, 镇江师专学报 02期.

_____(2003), <"有"字句中的预设>, 修辞学习 02期.

蔡维天(2004), <谈"有人""有的人"和"有些人">, ≪汉语学报≫ 02期.

曾常红, 王佳毅(2004), <20世纪90年代以来"有"字句研究述评>, 邵阳学院学报 02期.

查德华(2010), <汉语"有"字句和英语"there be"句型的语义、句法分析>, 现代语文语言研究09期.

陈 蕾(2010), <构式"有+VP"的认知理据>, 重庆科技学院学报 10期.

陈 琳(2007), <论现代汉语中的"有+VP"句式>, 暨南大学 硕士学位论文.

陈宁萍(1987), <现代汉语名词类的扩大－－现代汉语动词和名词分界线的考察>, 中国语文 第5期.

陈淑环(2009), <负迁移根源探讨－－以惠州方言的"有"字句为例>, 宜宾学院学报 04期.

陈前瑞, 王继红(2010), <南方方言"有"字句的多功能性分析>, 语言教学与研究 04期.

陈信春(1984), <"有"字句单句复句的划分>, 河南大学学报 05期.

崔 芸(2003), <≪左传≫"有"字句研究>, 阜阳师范学院学报 02期.

董秀英(2004), <表比较的"有"字句内比较项的不对称现象>, 青海师专学报 02期.

段 珂(2004), <≪西游记≫中表比较的"有"字句>, 中国古代小说戏剧研究丛刊 00期.

段晓平, 王淑君(2002), <"有"字句的语音切分>, 浙江传媒学院学报04期.

段苏平(1997), <"有"字句的转换>, 黄淮学刊 02期.

段益民(1998), <略论"有字句"和单音反义形容词>, 广东职业技术师范学院学报 02期.

丁瑞萍(2009), <"有"字词义探微>, 现代语文(语言研究版 02期.

丁健纯(2008), <湘潭话中的"有"字句>, 湘南学院学报 06期.

范继淹(1985), < 无定NP主语句>, 中国语文05期.

高再兰(2003), <"有+VP"的语义考察>, 淮北煤炭师范学院学报 04期.

_____(2007), <兼语式"有"字句的篇章功能>, 淮北煤炭师范学院学报 03期.

寇代辉(1999), <"有"字句英译初探>, 宜宾师范高等专科学校学报 01期.

韩 旭(2009), <现代汉语"有VP"句式研究> 上海外国语大学 硕士学位论文.

何 柳(2011), <元明时期"有"字句配价研究－－以≪元朝秘史≫、≪元史≫中的"有"字句为例>, 柳州职业技术学院学报 02期.

贺 阳(1994), <"程度副词＋有＋名"试析>, ≪汉语学{习≫ 04期.

孔 见(2002), <从"有"与"have"谈开去>, 山东农业大学学报：社会科学版.

孙德林(2010), <英汉存在句的结构、语义对比浅析－－there be句型与"有字句"对比>, 长春理工大学学报 06期.

薛宏武(2007), <现代汉语"有"、"有"字结构与"有"字句>, 长江学术 01期.

施其生(1996), <论"有"字句>, 语言研究 01期.

肖治野(2006), <表存在和数量的"是"字句与"有"字句>, 遵义师范学院学报 03期.

李奇瑞(1986), <"有"字的一种特殊用法>, 汉语学习 05期.

刘丹青, 段业辉(1989), <论"有的"及其语用功能>, 信阳师范学院学报(哲学社会科学版) 02期.

刘苏乔(2002), <表比较的"有"字句浅析>, 语言教学与研究 02期.

刘　晶(2007), <浅析"有"字句的句式系统>, 内蒙古师范大学学报 01期.

＿＿＿＿(2009), <现代汉语"有"字句的句法语义研究>, 内蒙古师范大学.

刘　利(1997), <古汉语"有VP"结构中"有"的表体功能>, 徐州师范大学学报 01期.

刘丽春(2008), <有没有VP"句法格式的发展历程及其对"有VP"在普通话中地位的影响>, 文教资料 28期.

刘振平(2010), <表比较的"有"字句研究述评>, 信阳师范学院学报箱 04期.

吕叔湘(1979), ≪汉语语法分析问题≫, 商务印书馆.

罗海燕(2011), <试论"有+VP"句式>, 安徽文学 11期.

骆锤炼(1994), <瓯语的"有"字句>, 温州师范学院学报 02期.

孟艳丽(2009), <"有"的语法意义及其成因>, ≪解放军外国语学院学报≫ 01期.

孟昭水, 范淑华(2001), <谈"有"的有界性>, 泰安师专学报 05期.

樊长荣(2008), < "有"字引介数量名主语的理据>, ≪语言研究≫03期.

朴起贤(2004), <现代汉语动词"有"的语义功能>, 南开语言学刊.

彭利贞(1995), <说"很有NP">, ≪语文研究≫02期.

任　庆(2009), <现代汉语"有+VP"格式研究>, 上海师范大学.

宋金兰(1994), <"有"字句新探－－"有"的体助词用法>, 青海师专学报 02期.

孙光锋(2001), <表示比较的有字句考察>, 上海师范大学.

石毓智(2004), <汉语的领有动词与完成体的表达>, 语言研究 02期.

沈家煊(1995), <"有界"和"无界">, 中国语文, 第05期.

孙　晶(2011), <从粤方言影响看"有+VP"结构形成的认知过程>, 现代语文 02期.

窦焕新(2011), <也谈"有+VP"中"有"的性质>, 渤海大学学报 03期.

王红斌(2000), <"有字句"中"有"后面的数量名结构>, 烟台师范学院学报 02期.

王　军(2006), <古代汉语"有"字句研究综述>, 安顺师范高等专科学校学报 01期.

＿＿＿＿(2008), <≪搜神记≫"有"字句的语用分析(二)>, 阜阳师范学院学报 02期.

＿＿＿＿(2008), <≪搜神记≫"有"字句的语用分析>, 语文学刊 09期.

＿＿＿＿(2008), <≪搜神记≫"有"字句的语义分析>, 通化师范学院学报 11期.

＿＿＿＿(2007), <≪搜神记≫中的"有"字句变换考察>, 安顺学院学报 01期.

＿＿＿＿(2009), <≪世说新语≫"有"字句研究>, 河西学院学报 01期.

＿＿＿＿(2012), <≪搜神记≫、≪唐传奇≫"有"字句比较研究>, 泰山学院学报 01期.

王媛媛(2011), <论现代汉语"有+VP"格式的完成体表达－－汉英对比的视角>, 青春岁月 08期.

王咏梅(2006), <龙岩话的"有"字句>, 龙岩学院学报 02期.

伍文英, 夏俐萍(2002), <现代汉语的'有+VP'格式>, 邵阳学院学报 05期.

肖　青(2011), <美国学生对领属义"有"字句的使用情况分析>, 云南师范大学学报 04期.

徐夏岭(2010), <《老乞大》《朴通事》中存在"有+VP"句吗? ――普通话中"有+VP" 句成因的一点异议>, 汉字文化 02期.

徐建华(1991), <表示估量的"有"字句>, 思维与智慧 06期.

徐烈炯, 刘丹青(1998), 《话题的结构与功能》, 上海教育出版社.

杨安红(2004), < "NP₁有NP₂"句式新探>, 《东方论文》 04期.

易正中(1994), <"有"字句研究>, 天津师大学报 03期.

殷荣昌(1999), <"有"字句的语法特点及其用法>, 语文天地 22期.

郁步利(2010), <表示存在的"there be"和"有"字句及翻译>, 安徽农业大学学报 06期.

郁　梅(2009), <"有"字句偏误分析>, 语文学刊 14期.

袁毓林, 李湘, 曹宏, 王健(2009), <"有"字句的情景语义分析>, 世界汉语教学 03期.

张清华(2006), <人民日报"有"字句研究>, 现代语文 11期.

张先亮, 范晓(1996), < "有"字句的後续成分>, 《语言教学与研究》 04期.

张先亮, 郑娟曼(2005), <试论篇章对"有"字句主宾语的制约>, 华东师范大学学报 04期.

＿＿＿＿＿＿＿＿(2006), <汉语"有"字句的语体分布及语用功能>, 修辞学习 01期.

张新华(2007), <与无定名词主语句相关的理论问题>, 北京大学学报(哲学社会科学版).

张豫峰, 范晓(1996), <"有"字句的后续成分>, 语言教学与研究 04期.

张豫峰(1998), <"有"字句研究综述>, 汉语学习 03期.

张豫峰(1998), <表比较的"有"字句>, 语文研究 04期.

＿＿＿＿(1999), <表比较的"有"字句>, 汉语学习 04期.

＿＿＿＿(1999), <"有"字句的语用研究>, 河南大学学报 03期.

＿＿＿＿(1999), <"有"字句的语义分析>, 中州学刊 03期.

朱德熙(1985), 「现代书面汉语里的虚化动词和名动词」, 北京大学学报(哲社版) 第5期.

朱文雄(1995), <这个"有"还应看作动词>, 广西民族学院学报(哲学社会科学版) 02期.

朱　霞(2008), <"有"字的虚化历程>, 《语文学刊》 20期.

祝晓宏(2004), <有+VP"结构新探>, 语文学刊 11期.

郑　汀(2007), <母语对第二语言习得的干扰――论"有"字句与"ある"句的场所对应关 系>, 外语研究 06期.

郑良伟(1990), <词汇扩散理论在句法变化里的应用――兼谈台湾官话"有"字句的句法变 化>, 语言教学与研究 01期.

郑敏惠(2003), <福州方言 有+VP句式研究>, 福建师范大学.

郑巧斐(2007), <"有"字句与"没(有)"句的不对称>, 乐山师范学院学报 10期.

郑敏惠(2010), <闽方言"有+VP"句式溯源>, 赤峰学院学报 10期.

郑懿德(1985), <福州方言的"有"字句>, 方言 04期.

周　颖(2011), <应用题自动解答系统中"有"字句的语义理解>, 中国电化教育 04期.

Bach, K(1981), <Referential/Attributive>, *Syntheses* 49.

Donnellan, k.(1966), <Reference and Definite Descriptions>, *The Philosophical Review* 75.

Gendel, J(1993), <Cognitive Status and the Form of Referring Expressions in Discourse>, *Language* 69.

Keith Donnellan(1999), <Reference and Definite Description>, *Philosophical Review* 75.

Lakoff, G and Peter Norving(1987), <Taking : A study in Lexical Network Theory>, *Proceeding of the Annual Meeting of the Berkeley Linguistics Society*.

Labov(1990), The intersection of sex and social class in the course of linguistic change, *Language Variation and Change* 2.

2. 단행본

김종도(2004), ≪은유의 세계≫, 한국문화사.

김현철, 김시연(2002), ≪중국어학의 이해≫, 서울 : 학고방.

윤병달(2009), ≪언어와 의미≫, 도서출판동인.

윤영은(2002), ≪언어의 의미 현상≫, 한국문화사.

이기동(1983), ≪언어와 인지≫, 한신문화사.

이기동, 김종도 역(1991), ≪인지문법≫, 서울 : 한신문화사.

이성하(2006), ≪문법화의 이해≫, 한신문화사.

이수련(2006), ≪한국어 소유 표현 연구≫, 서울 : 박이정.

이정민(2005), ≪의미구조와 통사구조, 그리고 그 너머≫, 한국문화사.

임지룡(2005), ≪인지 의미론≫, 탑출판사.

_____(2008), ≪의미의 인지언어학적 탐색≫, 서울 : 한국문화사.

임지룡, 김동환(2006), ≪은유와 영상도식≫, 서울 : 한국문화사, 2006.

허성도(2005), ≪현대 중국어 어법의 이해≫, 사람과 책.

包铭新(2001), ≪时尚话语≫, 上海科技文献出版社.

北京大学中文系现代汉语教研室 编1993), 김애영, 김현철 등 역(2007), ≪现代汉语≫, 서울 : 차이나하우스.

戴庆厦(2008), 강윤옥 译, ≪사회언어학≫, 차이나 하우스.

范　晓(2009), ≪汉语句子的多角度研究≫, 北京: 商务印书馆.

郭　锐(2004), ≪现代汉语词类研究≫, 商务印书馆.

胡裕树, 范晓(1985), ≪动词研究≫, 商务印书馆.

蒋绍愚(2005), ≪近代汉语研究概论≫, 北京大学出版社.

蒋绍愚, 曹广顺(2005), ≪近代汉语语法史研究综述≫, 商务印书馆.

房玉清(1992), ≪实用汉语语法≫, 北京语言学院出版社.

刘　顺(2003), ≪现代汉语名词的多视角研究≫, 学林出版社.

刘月华(1983[2001]), 김현철 등 역(2005), ≪실용현대한어어법(上, 下)≫, 서울 : 송산출판사.

陆俭明(1993), ≪八十年代中国语法研究≫, 北京:商务印书馆.

_____(2003), 김현철 등 역([2007], 2008), ≪现代汉语语法研究教程 : 중국어어법 연구 방법론≫, 서울 : 차이나하우스.

陆俭明, 马真(1999), ≪现代汉语虚词散论≫, 北京:语文出版社.

黎锦熙(1992), ≪新著国语文法≫, 商务印书馆.

马建忠(1898[1983]), ≪马氏文通≫, 商务印书馆.

马庆株(2005), ≪汉语动词和动词性结构≫, 北京大学出版社.

邵敬敏(1994a), ≪语法研究与语法应用≫, 北京 : 北京语言学院出版社.

石毓智(2000), ≪语法的认知语义基础≫, 南昌 : 江西教育出版社.

石毓智(2001),≪语法的形式与理据≫, 江西教育出版社.

石毓智, 李纳(2001), ≪汉语语法化的历程-形态句法发展的动因和机制≫, 北京大学出版社.

太田辰夫(1987), ≪中国语历史文法≫, 北京语言学院出版社.

吴福义(2002), 김현철 등 역(2011), ≪중국어어법 300문≫, 서울 : 차이나하우스.

_____(2005), ≪汉语语法化研究≫, 商务印书馆.

徐　杰(2001), ≪普遍语法原则与汉语语法现象≫, 北京 : 北京大学出版社.

徐烈炯(1999), ≪共性与个性-汉语语言学中的争议≫, 北京 : 北京语言文化大学出版社.

_____(2009), ≪指称, 语序和语义解释≫, 北京 : 商务印书馆.

徐烈炯, 刘丹青(1998), ≪话题的结构与功能≫, 上海教育出版社.

温锁林(2001), ≪现代汉语语用平面研究≫, 北京 : 北京图书馆出版社.

吴中伟(2004), ≪现代汉语句子的主题研究≫, 北京 : 北京大学出版社.

张振兴(1983), ≪台湾闽南方言记略≫, 福建人民出版社.

张　敏(1998), ≪认知语言学与汉语名词短语≫, 北京 : 中国社会科学出版社.

张先亮, 范晓(2010), ≪现代汉语存在句研究≫, 北京 : 中国社会科学出版社.

赵元任(1979), ≪汉语口语语法≫, 商务印书馆.

朱德熙(1984), ≪语法讲义≫, 商务印书馆.

Bernard Comrie(1981), Language Universals and Lingustic Typology, Chicago :

University of Chicago Press.

Bybee, Joan L.(1985), Morphology : a study of the relation between meaning and form, Amsterdam; Philadelphia: J. Benjamins, 이성하·구현정 옮김 (2000), ≪형태론 : 의미－형태의 관계에 대한 연구≫, 서울 : 한국 문화사.

Comrie(1976), Aspect : An Introduction to the Study of Verbal Aspect and Related Problems, Cambridge ; cambridge University Press.

Chafe, W.L.(1976), Givenness, Contrastiveness, Definiteness, Subjects, Topics and Point of View, in Li C.N.(ed), Subject and Topic, New York : Academic Press.

Chambers, Jack and Margaret Hardwick(1986), Comparative sociolinguistics of a sound change in Canadian English. English World‐Wide.

Fillmore(1968), The Case for Case, Universals in Linguistic Theory, New York.

Herine, Bernd, Friederike Hunnemeyer(1991), Grammaticalization : a conceptual framework, Chicago : University of Chicago Press.

Jacob L. Mey(2001), Pragmatics: an Introduction, Malden, MA: Blackwell, 이성범 옮김(2007), ≪화용론 개관≫, 파주 : 한신문화사.

Johnson, Mark(1987), The Body in the Mind : The Bodily Basis of Meaning, Imagination, and Reason, Chicago : University of Chicago Press.

Lakoff, G. & M. Johnson(1980), Metaphors We Live By, Chicago : University of Chicago Press.

Li, Charles N. Sandra A. Thompson(1981), Mandarine Chinese, University of California Press.

Luthin, H. (1987), Variation in language, Stanford : Department of Linguistics, Stanford University.

Peter Trudgill(1975), Sociolinguistics : An Introduction, Harmondsworth, Middlesex, England : Penguin Books.

Taylor, John R.(1989), Linguistic Categorization : Prototypes in Linguistics Theory, Oxford : clarendon Press.

Tzao, Feng-fu(1977), A Functional Study of Topic in Chinese, University of Southern California.

3. 사전 및 기타 참고자료

권세혁(2004), ≪(SAS, SPSS 활용)설문조사분석≫, 아카데미.

이정민, 배영남, 김용석(1987[2000]), ≪언어학사전≫, 서울 : 박영사.

홍종선, 박용석(2007), ≪(설문조사자료의)통계 분석≫, 자유아카데미.

孟宗, 孟庆海, 郑怀德, 菜文兰 편, (1996[2003]), ≪汉语动词用法词典≫, 商务印书馆.

刘叔新 主编(1987), ≪现代汉语同义词词典≫, 天津人民出版社.

吕叔湘(1980), ≪现代汉语八百词≫, 商务印书馆.

袁　晖(2001), ≪现代汉语多义语词典(修订版)≫, 书海出版社.

≪现代汉语词典≫ 修订本(1991), 商务印书馆.

北京大学 汉语语言学研究中心 现代汉语语料库, 古代汉语语料库 : http://ccl.pku.edu.cn/

国家语言资源检测与研究中心 国家语委 国家现代汉语语料库 : http://ling.cuc.edu.cn/

찾아보기

저자 홍연옥(洪蓮玉)

서울대학교 중어중문학과에서 중국 현대어학 의미론 전공으로 박사학위를 받았다. 이후 중국어의 인지언어학 및 중국어의 문법화 연구, 언어 유형론 연구 전반에 종사하고 있다. 주요 논문으로는 「'个'의 의미기능과 문법화 연구」(2014), 「이동사건 표현의 언어유형론과 공동합성 양상 고찰」(2013) 등 다수가 있다.

중국언어학연구총서 2

소유동사 '有'와 문법화

초판 인쇄 2014년 12월 22일
초판 발행 2014년 12월 31일

지은이 홍연옥
펴낸이 이대현
편 집 이소희
펴낸곳 도서출판 역락
　　　서울 서초구 동광로 46길 6-6 문창빌딩 2층
　　　전화 02-3409-2058(영업부), 2060(편집부)
　　　팩시밀리 02-3409-2059
　　　이메일 youkrack@hanmail.net
　　　등록 1999년 4월 19일 제303-2002-000014호
　　　역락 블로그 http://blog.naver.com/youkrack3888
I S B N 979-11-5686-142-3 94720
　　　979-11-5686-140-9 (세트)
정 가 18,000원

* 파본은 구입처에서 교환해 드립니다.